믿음으로 현실을 이기는 완벽한 가르침

더 이상
바랄 것이
없었다

홍민기

the Sermon on the Mount

규장

the Sermon on the Mount

산 위에서 외쳐진
주님의 음성

믿음을 갖게 된 후, 매일 우리에게 다가오는
현실과 믿음 사이의 고민이
때론 무거운 짐처럼 우릴 억누를 때가 있다.

산상수훈은 주님의 설교다.
현실과 믿음 사이에서 고민하는
우리에게 주시는 지침이다.

나치 치하에서 신앙적 양심을 지켰던 독일의 신학자인
헬무트 틸리케(Helmut Thielicke)가
산상수훈에 관한 책을 썼는데,
그 제목이 《현실과 믿음 사이》다.

나치 치하라는 현실 앞에서

신앙적 양심에 따라 믿음을 지키는 것이

결코 쉽지는 않았을 것이다.

현실과 믿음 사이에서 끝없이 고뇌하고 두려워했을

당시 성도들에게 헬무트 틸리케는

산상수훈의 가르침을 나눴다.

그만큼 산상수훈은 믿음으로 현실을

살아내게 하는 힘이 된다.

만왕의 왕께서 우리에게 주시는 말씀을 듣고 순종할 때

현실에서 믿음의 역사가 일어날 것이다.

무기력한 신앙생활에서 탈피하자.

혼자 거룩하여

세상과 벽을 쌓고 사는 신앙도 안 된다.

교회는 건물이 아니라 우리 자신이다.

그러니 우리 한 사람 한 사람이

교회답게 살아야 하고
교회는 살아 있어야 한다.

산 위에서 바라보시며 선포하시는 왕의 말씀을 듣자.
그 말씀의 능력으로
더 이상 바랄 것이 없는 만족을 누리자.

세상의 가치로는 이해할 수 없는
만족을 선포하려면 절대적으로 믿음이 필요하다.
그 믿음은 나의 가치관을 송두리째 뒤집어 놓는다.
하나님의 절대적 주권을 믿는 새 가치관만이
우리를 진정으로 만족하게 한다.

하나님은 우리가 행복하기를 원하신다.
기쁨으로 가득 찬 삶을 살기를 원하신다.
우리는 그렇게 살 수 있다.
능력으로 승리하는 삶을 살 수 있다.

산 위에서 외쳐진 그분의 메시지는 삶의 지침이기도 하다.

기독교는 삶으로 살아내지 못하면 다 뜬구름이 된다.

구기종목 운동을 하는 사람들은

서로 "구력이 얼마냐?"라는 질문을 던진다.

운동한 경력이 얼마나 되느냐는 질문이다.

그리고 대개 "구력은 못 속인다"라고 평한다.

세상의 많은 일들이 해온 가닥을 무시하지 못한다.

그러나 이상하리만치 신앙은 구력과 상관이 없다.

'누가 주님과 동행하는가?' 오직 여기에 달려 있을 뿐이다.

동행하는 척하는 긴 세월이 우리를 망친다.

신앙생활을 제대로 해야 한다.

주님과 제대로 동행해야 한다.

성령과 함께함으로 사도행전적 역사들이 나타나야 한다.

말씀의 임재를 사모하고 경험해야 한다.

산 위에서 외치신 주님의 말씀이

현실과 믿음 사이에서 줄다리기를 하고 있는

우리를 날마다 새롭게 하기를 바란다.

그래서 우리의 삶의 현실에

믿음의 열매와 능력이 나타나기를,

더 바랄 것이 없는

완전한 은혜를 누리게 되기를 바란다.

바다가 바라보이는 달맞이고개 카페에서

홍민기

프롤로그

PART **1**

더없이 완전한 하늘의 복

PART **2**

우리가 지켜야 할 가르침

PART 3

영적 삶을 위한 무장의 시간

PART 4

우리가 걸어야 할 길

더없이
완전한
하늘의 복

PART

1

1 예수께서 무리를 보시고 산에 올라가 앉으시니 제자들이 나아온지라 2 입을 열어 가르쳐 이르시되 3 심령이 가난한 자는 복이 있나니 천국이 그들의 것임이요 마 5:1-3

chapter **1**

은혜, 의존하라

예수님 앞에 무리가 모였다

예수님이 무리를 보셨다. 예수님이 사역하실 때 항상 많은 무리의 사람들이 따라다녔다. 그리고 예수님이 산에 올라가 앉으시자 제자들이 나왔다.

예수님의 사역에는 항상 이 두 그룹이 따랐다. 무리가 있었고, 제자들이 있었다. 제자들은 주님을 붙잡고 주님의 가르침을 받는 자들이었고, 무리는 지나가던 사람, 목적을 가지고 찾아온 사람들이 많았다. 그들은 대체로 가난했고, 병들었고, 외로움과 염려와 불안과 싸우는 사람들이었다.

사실 가난하고, 병들고, 외로움과 염려와 불안에 휩싸이기는 제자들도 마찬가지였다. 그러나 그들은 예수님 앞에서 가르침을 받기로 선택했다.

하지만 무리는 문제 해결을 바라며 잠시 곁에 머무르는 데 그쳤다. 많은 이들이 예수님을 통해 병이 나았고, 마음에 치유를 얻었다. 그리고 그 소문은 많은 사람들에게 희망이 되었다. 그러나 희망은 믿음이 아니다.

오늘날 우리는 무리의 한 사람으로 살고 있는가? 아니면 예수님의 제자로 살아가고 있는가?

스쳐 지나가는 무리의 한 사람이 아닌 예수님 앞에서 가르침을 받는 제자로 살기를 바란다. 교회에 와서 예배를 관망하는 사람이 아니라 예배자가 되기를 바란다. 그래야 일시적인 희망이 아닌 믿음으로 살게 된다.

예수님이 산 위에서 선포하시다

예수님이 산 위에 올라가 앉으셨다. 성경에서 '산 위'는 굉장히 의미 있는 곳인데, 왕이신 예수님이 우리에게 선포하신다는 의미다.

존 스토트는 예수님의 말씀이 정복자를 위한 말씀이 아니라 정복당한 자들을 위한 말씀이라고 얘기한다. 우리는 정복자가 되길 원하지만, 하나님은 정복당한 자들에게 말씀하신다. 하나님께 정복당한 자들, 그분의 말씀에 완전히 사로잡힌 자들에게 하나님은 말씀하신다.

그 산 위에서 예수님은 제자들과 무리에게 팔복을 가르치셨다. '팔복'은 모두 복 받는 이야기지만, 세상적인 복에 국한되어 있지는 않다.

예수님은 오히려 신체의 어느 부분을 잃더라도 하나님을 붙잡는 것이 낫다고 가르쳐주셨다. 이 땅에서 온전하고 잘되는 것보다 더 중요한 것이 있다는 것이다.

여기 모인 무리가 어떤 사람들이라고 했었는가? 대체로 가난하고, 병든 자들이었다. 예수님 당시는 구약의 가르침을 통해 살았던 시대다.

다시 말해서, 율법이 중심인 시대였다. 율법이 지배하는 시대에 가난하고 병든 사람은 어떤 사람이었는가? 저주받은 사람이다. 당시 사람들은 병이 그의 조상이나 그의 죄를 통해서 나타난다고 생각했다. 그리고 가난이나 염려 같은 것들도 다 저주 때문에 일어난다고 생각했다.

가난하고 병들면 죄의 저주라고 생각했다. 아픈 것보다 서러운 것은 사람들의 시선이었다. 자신의 죄에는 한없이 너그러우면서 타인의 죄에는 유독 엄격했다. 사람들은 무리를 지어 타인의 죄를 평가하고, 특히 질병은 그의 숨겨진 죄의 결과라고 쉽게 떠들어댔다.

그래서 지금 우리 시대에도 교회에서 가면 쓰는 행위가 문제가 되는데, 그때는 더했다. 아파도 안 아픈 척, 염려로 가득해도 염려 안 하는 척, 불안해도 불안하지 않은 척했다. 왜냐하면 자기 내면의 염려와 불안을 내비치는 순간, 자신들이 죄의 사람이 되어버리기 때문이다.

가난한 자들에게 선포된 말씀

그런데 예수님이 이 땅에 오셔서 말씀하기 시작하셨다. 그리고 한 번도 들어보지 못한 말씀을 산상수훈을 통해서 하셨다. 거의 혁명에 가까운 말씀이었다.

심령이 가난한 자는 복이 있나니 천국이 그들의 것임이요 마 5:3

지금까지 그들이 들어왔던 말들은 "너희는 저주의 사람들이야. 이것은 죄악이야. 너는 하나님께 저주받은 자야" 같은 말들이었다. 이런 가르침을 받던 자들에게 예수님은 뭐라고 말씀하셨는가?

'너희들 심령이 가난하니? 너희들 염려하고 있니? 너희들은 복이 있다. 천국이 너희들의 것이야.'

그러니 이것은 혁명이었다. 그 자리에 있던 사람들에겐 그야말로 충격적인 말씀이었다.

서기관과 바리새인들이 예수님을 왜 죽이고자 했는가? 지금까지 자신들의 자리를 지켜왔던 모든 전통의 중심을 다 허물어버리셨기 때문이다. 그렇게 되면 자신들의 자리를 지킬 수 없다고 여겼기 때문이다. 그러나 예수님은 한자리 차지하고 있던 서기관과 바리새인들이 아니라 돈 없고 가난한 자들을 바라보셨다.

서러운 사람들.
가난은 설움 그 자체다.
돈 없는 것도 서러운데
무시 받는 것이 더 서러운 이들.
사람으로서 제대로 대우를 받지 못하던 자들.
예수님은 그들을 주목하셨다.
그리고 그들의 편이 되어주셨다.

그들이 느끼던 외로움, 염려와 불안, 억눌림은 세상을 놓지 못하는 마음에서 시작된 것이다. '주를 만나면 나의 모든 문제가 해결될 거야'라는 것은 희망 사항이다.

주를 만나면 문제가 해결되는 것이 아니라,
그 문제보다 더 귀한 것을 붙잡는 것이다.

주님은 가난한 사람들을 위해 오셨다. 주님은 마음이 병든 사람들을 위해 오셨다. 주님은 망가진 사람들을 위해 오셨다. 주님은 내일을 소망하지 못하는 사람들을 위해 오셨다.

딱 우리다. 예수님은 우리를 위해 오셨다.

이 땅을 살아가면서 사업이 잘될 때가 있다. 사업이 잘된다고 모든 게 잘되는가? 그건 또 아니다. 건강에 문제 있을 때가 있고, 마음의 병이 생길 때가 있다. 때로는 마음은 기쁜데 물질적으로 어려울 때가 있다. 우리의 인생에는 무언가 늘 구멍이 있게 마련이다. 그렇게 구멍 난 우리를 위해 주님이 오셨다.

심령이 가난한 자는 누구인가?

그래서 예수님이 말씀하신, 이 땅에서 마음이 가난하여 하나

님을 바라보는 자, 심령이 가난한 자는 어떤 사람인가? 마음이
가난하다는 게 도대체 무엇인가?

> 하나님이여 사슴이 시냇물을 찾기에 갈급함같이 내 영혼이 주를
> 찾기에 갈급하나이다 시 42:1

시편의 유명한 이 말씀이 '심령이 가난한 자'를 표현한 말씀이
다. 사슴은 열이 많은 짐승이다. 일정 시간 안에 목마름을 해결
하지 않으면 사슴은 죽는다. 그러니 사슴이 물을 찾는다는 것
은 생명의 연장을 뜻한다. 생명을 찾아 시냇물을 찾는 것이다.
  사슴이 그렇게 시냇물을 찾는 것처럼, 그런 갈급함으로 하나
님을 찾는 것이다. 그렇게 하나님을 찾는 사람이 '심령이 가난
한 자'이다.
  주님은 그런 자가 복이 있다고 말씀하신다. 심령이 가난한
자는 복이 있다. 예수님의 사역은 세상을 향한 저항이다. 예수
님의 사역은 세상의 흐름과 방향을 끊고, 뒤집는다. 우리의 생
각을 바꾸고 가치관을 새롭게 세우신다. 세상을 따르면서 주
님을 따를 수 없다.
  목마름과 갈급함으로 살아가는 자들에게 목마름의 해결은
세상에 있지 않다고 말씀하시는 것이다.

예수님은 산상수훈을 통해 '너희들은 이 말씀을 가지고 율법의 지배 아래 있는 이 시대에 저항하라'라고 말씀하시는 것이다. '이제는 은혜에 의존하여 살라. 은혜를 붙잡으라'라는 말씀이다.

우리 삶도 마찬가지다. 우리가 무엇을 가졌느냐, 무엇을 할 수 있느냐, 무슨 능력이 있느냐에 하나님은 주목하지 않으신다. 하나님은 우리의 마음이 얼마나 가난한가, 얼마나 갈급한가, 얼마나 하나님을 찾는가에 주목하신다. 능력은 하나님께 이미 많다. 하나님의 이름으로 구하면 하나님이 행하신다. 우리가 하나님께 그저 함께해달라고 구하면, 그래서 하나님이 우리와 함께해주시면 그 하나님의 능력이 우리와 함께하는 것이다.

우리의 마음이 얼마나 가난한가?
우리는 얼마나 갈급한가?
우리는 얼마나 하나님을 찾는가?
하나님은 바로 여기에 주목하신다.

그렇다면 우리는 우리의 마음이 가난한지 살펴봐야 한다. 우리 마음의 주인이 누구인지 살펴봐야 한다. 내 마음의 주인은 누구인가? 내 마음을 무엇으로 채우고 있는지 살펴봐야 한다. 하나님의 말씀으로 채우고 있는가? 아니면 세상의 것으로 채우고 있는가?

주인이 없는 마음.
주인이 왔다 갔다 하는 마음.
하나님이 주인인 마음.
하나님의 말씀으로 채워진 마음.
다른 것으로 채워진 마음.

내 마음은 어떤 마음인가?

천국이 너희의 것이다

이제, 산의 정상으로 예수님과 함께 올라가보자. 예수님은 율법의 사회에서 갑자기 은혜를 선포하신다. 사회에서 낙인찍힌 자들, 이리 치이고 저리 치이는, 아무것도 없는 자들에게 말씀하신다.

'너희들은 마음이 가난해. 너희들은 내일을 소망하지 못해.

그러나 너희에겐 복이 있어. 왜냐하면 그 갈급함으로 나를 찾았으니, 천국이 너희의 것이다.'

예수님이 주인이 되시면, 그 주인은 우리에게 천국을 주신다.

그러나 한 가지 질문이 생긴다. 우리가 진정 이것을 원할까?

"심령이 가난한 자는 복이 있나니 천국이 그들의 것임이요."

이 말씀이 우리에게 진정한 '아멘'이 되는가? 가난한 자가 천국을 원할까, 아니면 이 땅을 원할까? 이 땅을 원하는 자에게 과연 천국이 소망이 될 수 있는가?

기독교는 문제의 해결을 세상에 두지 않는다. 우리는 세상의 것으로 마음을 채우는 사람들이 아니라, 하나님의 것으로 갈급한 사람들이다.

마음이 부자인 채로 살면 안 된다. 하나님 앞에 항상 갈급한 마음으로 살아야 한다. 갈급함이 떨어지지 않게 해달라고 기도해야 한다. 새로운 은혜를 허락해달라고 기도해야 한다. 다른 것으로 채우지 말아야 한다.

우리는 본질을 고민하면서 신앙생활하고 있는지 확인해야 한다. 본질이 무엇인가? 예수님이 산상수훈에서 하신 말씀을 풀어보자면 이렇다.

'너의 갈급함은 하나님을 향해 있니? 그렇다면 천국이 너희의 것이야. 천국은 죽어서 가는 곳이 아니라 네가 나를 믿는 순

간부터 너의 삶 속에서 이루어지는 거야.'

주님은 이 천국을 나누기를 원하신 것이다.

우리는 하나님을 갈급하도록 창조되었다

세상의 목마름은 세상의 것으로 해결이 안 된다. 아무리 먹고 마셔도 갈증이 더 심해진다. 돈, 명예 모두 다 끝이 없이 목을 조르고 숨통을 잡고 있다.

뉴욕에서 사역할 때, 월가에서 일하는 친구들을 굉장히 많이 봤다. 그들은 대체로 10년을 목표로 일한다. 10년 안에 평생 살 돈을 벌고 10년 후에 은퇴하기를 원한다. 요즘 보니, 그런 흐름이 한국에도 들어온 것 같다. 한국의 많은 젊은이들이 '40대에 은퇴하겠다'라는 목표를 가지고 열심히 돈 벌고 돈 모을 계획을 세운다. 목표한 대로 젊은 시절에 돈을 많이 버는 청년들도 제법 많다.

그것이 좋다, 나쁘다의 차원을 떠나서 그렇게 목표를 이룬 후에는 그 인생이 만족스러운가를 생각해보면, 목표한 만큼 돈을 벌었다고 해서 만족하는 사람을 거의 본 적이 없다. 왜냐하면 우리는 이 땅의 것으로 만족하도록 창조되지 않았기 때문이다.

하나님은 하나님으로 갈급하도록 우리를 창조하셨다. 그래서 우리의 영은 하나님의 것, 영적인 것이 아니면 채워지지 않는 것이다.

우리는 산에서 선포된 예수님의 말씀을 붙잡아야 한다. 그리고 그 말씀대로 살아가야 한다. 예수님을 붙잡고 살아가야 한다. 기독교는 문제의 해결을 세상에 두지 않는다.

죽어서 가는 천국이 아니라, 능력의 천국을.
고통의 끝의 천국이 아니라, 고통을 이기는 천국을.
절망의 끝의 천국이 아니라, 절망을 소망으로 바꾸는 천국을.

죽어서 가는 천국이면, 예수 믿기 너무 어렵다. 예수님은 우리와 함께하시는 그 순간부터 역사하신다.

그러니 내 절망의 끝이 천국이라고, 내 호흡이 다하면 천국이라고, 내 아픔의 끝이 천국이라고 생각하며 절망하지 말고 고통을 이겨내는 천국, 고통을 바꾸는 천국, 절망을 소망으로 바꾸는 천국을 바라고 구하고 경험하라.

하나님이 함께하시는 천국, 마음이 가난한 자에게 주시는 천국은 오늘 이 시간에 역사하는 천국이다.

인류 역사상 가장 큰 전쟁은 제2차 세계 대전이었다. 나치의 등장으로 어마어마한 죽음과 파멸이 이어졌다. 그 죽음의 시간을 끊어낸 연합군의 작전이 우리가 잘 아는 '노르망디 상륙 작전'이었다. 노르망디 상륙 작전의 성공으로 연합군이 승리할 수 있었다.

그 작전의 개시일이 'Decision day'로 불렸고, 그 후로 우리에게 'D-day'라는 표현으로 널리 알려지게 됐다.

하나님은 D-day를 정하시고 예수님을 이 땅에 보내셨다. 그 작전을 개시하시고 전략을 선포하시는 것이 산상수훈이다. '너희는 세상에서 이렇게 살아. 그러면 승리한다'라고 하시며 필승 전략을 주신 것이다. 그래서 산상수훈의 가르침은 너무너무 중요하다.

그렇게 살아도 되고, 안 살아도 되는 게 아니다. 꼭 그렇게 살아야 한다. 그래야 죽음의 시간을 끊어내고 승리할 수 있다. 그것이 승리를 위한 필승 전략이기 때문이다. 그 말씀을 따라 세상에 저항해야 한다.

천국을 소유하라.

그리고 나누라.

천국을 선포하라.

전도하라.

담대하게, 당당하게.

그리고 천국을 살아가라.

현실과 믿음 사이를 왔다 갔다 하지 말고 믿음으로 현실을 살아가야 한다. 현실이 믿음이고, 믿음이 현실이어야 한다. 믿음으로 현실을 살아가는 것이 너무나 중요하다.

복음을 선포하지 않으면 강한 능력의 역사가 일어나지 않는다. 천국을 선포하고, 예수님을 선포하고, 십자가를 선포하고, 예수님의 보혈을 선포하지 않으면 능력이 일어나지 않는다.

우리는 예수님을 선포하는 사람으로 살아가야 한다. 예수님을 붙잡는 사람으로 살아가야 한다. 하나님이 D-day를 정하시고 세우신 그 필승 전략대로 살아가보자는 말이다. 그럴 때 우리 삶 속에서 하나님의 역사가 일어날 줄 믿는다.

'하나님이 저를 붙잡아주시지 않으면 저는 죽어요'라는 갈급함이 내 안에서 계속해서 일어나기를, 내 안에 하나님을 향한 사랑이 계속해서 흐르기를 기도하자. 그래서 정말 심령이 가난한 자로 살아가자. 하나님만 갈급해하는, 심령이 가난한 자로 살아가자. 하나님이 아닌 다른 것으로 나를 채우지 않기로 결단하자. 천국이 우리의 것이다.

그 천국을 누리자. 천국은 죽어서 가는 곳이 아니다.

4 애통하는 자는 복이 있나니 그들이 위로를 받을 것임이요 5 온유한 자는 복이 있나니 그들이 땅을 기업으로 받을 것임이요 6 의에 주리고 목마른 자는 복이 있나니 그들이 배부를 것임이요 마 5:4-6

chapter 2

주님의 마음을 주소서

애통하는 자는 복이 있다

예수님은 산 위에서 계속해서 선포하신다.

"애통하는 자는 복이 있나니 그들이 위로를 받을 것임이요."

지금은 애통을 원하는 시대가 아니다. 우리는 편안하게 지내기를 원한다. 스트레스를 받지 않길 바란다. 힐링을 원한다. 그러나 진정한 치유는 애통할 때 가능하다.

애통이란 자기 자신을 직면하는 것이다. 자기 자신을 바로 보는 것이다. 나의 연약함을 바라보는 것이다. 나의 마음을, 나의 생각을 바라보는 것이다. 나의 갈급함이 어디로 향하고 있는지, 나의 목마름이 어디로 향하고 있는지를 바라보는 것이다. 하나님 앞에서 은혜의 사람으로 사는지를 바라보는 것이다.

그래서 하나님은 애통하는 자를 복이 있다고 하신다. 자기 자신을 직면하고, 우리의 마음이 완전히 파산 지경에 이르러서 하나님을 바라보는 것처럼 그 애통함이 우리 안에 있을 때, 하나님이 어떻게 해주신다고 하는가? 위로를 주신다고 하신다.

자신을 직면하는 것.
자신을 바로 보는 것.
자신의 가난함을 보는 것.
그렇게 애통하는 자는 복이 있다.
그들이 위로를 받을 것이다.

말할 수 없는 평안으로 위로하신다

미국의 유명한 변호사이자 법리학 교수였던 호레이쇼 스패포드(H. G. Spafford)는 시카고 대화재로 전 재산을 잃었다. 가족 앞에 닥친 시련으로 잠시 쉴 시간이 필요했던 스패포드와 그의 가족은 유럽으로 여행을 다녀오기로 했다. 영국에 머무는 동안 그의 절친한 친구였던 유명한 전도자 D. L. 무디의 전도 집회를 돕고 싶은 마음도 있었다.

당초 계획은 가족과 함께 유럽으로 떠나기로 했으나, 사업 상의 이유로 그의 아내와 네 딸들만 먼저 유럽으로 출발하게 되었다. 그런데 그의 가족이 탄 배가 영국의 라키언 호와 정면 으로 충돌하는 사고가 일어나고 말았다. 그 사고로 배는 침몰 했고, 226명의 승객이 목숨을 잃었다. 그의 네 딸들도 모두 죽 었고, 그의 아내 안나만 물 위로 떠올라 구조되었다. 그녀는 남편에게 짤막한 전보를 쳤다.

"혼자만 살아남았음."

그는 영국행 배에 올랐다. 그 배가 자기 딸들이 잠긴 바다 위를 지날 때 그는 밤새 울며 하나님 앞에 탄식했다. 절망하고 탄원하며 기도하던 스패포드는 어찌된 일인지 갑자기 마음속 깊은 곳에서 말로 표현할 수 없는 평안이 솟는 것을 느꼈다. 그리고 하나님이 주신 영감으로 시를 써내려갔는데, 그시가 〈내 영혼 평안해〉였고, 그 시에 무디와 함께 음악 전도사로 활 동하던 필립 블리스(P. P. Bliss)가 곡을 붙인 것이 우리가 잘 아 는 〈내 평생에 가는 길〉이란 찬송가다.

하나님은 애통한 심령을 위로하신다. 여기에서 '위로를 받 는다'를 원어로 보면, 하나님께로 가까이 간다는 뜻이 담겨 있 다. 우리가 하나님께로 가까이 가면 갈수록 우리 자신이 더 잘 보인다. 우리 자신의 모습에 더 직면하게 된다. 내가 누구인지를 알게 된다. 내가 얼마나 부족한지를 알게 된다. 나는 어떤 생각을 하는지, 어떤 가치관으로 살아가고 있는지가 분명하게 드러난다.

나 자신의 모습을 직면할 때, 우리는 그 모습을 보며 애통할 수밖에 없다. 이 지경이 되도록 깨닫지 못한 나를 애통해하며 회개할 수밖에 없다. 그리고 그 직면을 통해 회개함으로 하나님 앞에 나아갈 때 하나님은 항상 우리를 안아주신다. 아무 말도 없이 따뜻하게 끌어안아주신다. 그리고 주님의 마음을 우리도 붙잡게 된다.

애통하는 자는 그렇게 하나님의 위로를 받는다.

온유한 자는 복이 있다

"온유한 자는 복이 있나니 그들이 땅을 기업으로 받을 것임이요."

온유한 사람은 착한 사람, 화 안 내는 사람이 아니다. '온유'를 쉽게 설명하면 야생마를 길들이는 것이다.

TV 다큐멘터리나 서부 영화 같은 데서 보면, 제멋대로 날뛰는 야생마를 끈질기게 붙들고 늘어져 길들이는 사람이 나온다.

야생마가 언제 길들여지는가? 주인이 생기면 길들여진다. 주인이 생기면 그 거칠던 말이 말을 듣기 시작하고, 주인이 가자면 가고 멈추라면 멈추게 된다. 온유가 시작된다.

우리가 애통함으로 나의 삶을 직면하고 회개함으로 하나님 앞에 나아갈 때, 하나님이 나의 주인이 되어주시고 우리는 하나님이 주인 되신 온유한 삶을 살아가게 된다. 예수님을 닮아가는 것이다. 그래서 참기도 하고, 용서도 하고, 오해하는 사람들에게 오해를 풀려고 애쓰기보다 그냥 넘어가기도 하고 기다려주는 마음이 생기는 것이다. 죄성을 가지고 있는 우리 삶 속에 드러나기 참 어려운 마음이다. 야생마 같은 우리 마음이 주인이신 하나님을 만나 길들여지기 시작하면서 갖게 되는 마음이다.

내 마음대로, 나의 계획대로 하고자 하는 것은 신앙이 아니다. 우리에게 가장 중요한 것은 우리가 지금 어떤 일을 하고 있고 또 우리의 계획이 무엇이냐가 아니라 우리의 주인이 누구인가 하는 것이다. 우리의 주인이 날마다 임재하시는 하나님이신가? 그 하나님이 우리의 주인이신가? 그 하나님이 오늘도 우리에게 말씀하고 계시는가? 우리는 그 말씀으로 나아가고 있는가? 이것이 중요하다.

교회도 마찬가지다. 우리 교회의 주인은 하나님이신가? 아니면 사람인가? 우리는 인간인지라 하나님만 주인 되시는 교회를 세우고자 하면서도 어느 순간 사람이 주인 노릇을 할 때가 있다. 그래서 그런 일을 막고자 여러 가지 규칙을 세우기도 하고 점검 시스템을 갖추기도 한다. 어느 누구도 교회의 주인 자리에 앉지 못하게 하기 위함이다. 하나님만이 주인 되시는 교회가 되도록.

나 중심에서 하나님 중심이 되는 것이 신앙이다.
교회는 사람 중심이 아니라
하나님이 중심인 곳이어야 한다.
그렇다면 우리는 길들여져야 한다.
주인에게 길들여진 야생마처럼.

우리는 야생마 같은 존재이기에, 내 마음대로 하고 싶다. 내 마음대로 살고 싶다. 그러나 하나님이 주인 되심으로 길들여지는 것, 그것이 온유한 것이다.

라이트하우스교회 해운대를 개척한 지 4년이 되어간다. 예배 장소도 일정치 않았고, 그중 2년은 코로나19 상황으로 제대로 모이지도 못했다. 예배드리기 정말 쉽지 않은 시간을 보냈다. 나는 그 시간들이 훈련 기간이라고 생각했다.

훈련은 쉽지 않지만, 그 기간 동안 우리는 더 집중해야 한다. 어떻게 하면 하나님 중심으로 예배를 드릴 수 있는지, 어떻게 하면 하나님 보시기에 아름다운 사람이 될 수 있는지. 그 훈련의 과정을 통해 우리는 주인이신 하나님께 길들여진 온유한 사람으로 만들어져간다.

의에 주린 사람은 복이 있다

"의에 주리고 목마른 자는 복이 있나니 그들이 배부를 것임이요."

의에 주리고 목마른 자는 어떤 사람인가? 무엇에 목말라 하는 것일까? 의에 주리고 목마른 자는, 애통함과 온유함에 주리고 목마른 자다. 그래서 의에 주린 것이다. 의에 주리다는 것은 예수 그리스도로 주리다는 것이다. 예수 그리스도로 배고프단 말이다. 그래서 예수 그리스도를 붙잡는 것이다.

그러면 다시 앞에서 살펴본 첫 번째 산상수훈의 가르침으로 돌아간다.

"심령이 가난한 자는 복이 있나니."

심령이 가난한 자는 하나님을 향한 갈급함으로 가난한 것이고, 그 갈급함으로 목마른 자다.

나는 무엇으로 목마른가? 그것이 나의 정체성이다. 내가 진정으로 갈급해하고 원하는 것을 사람들에게는 세련된 말로 숨길 수 있겠지만, 하나님은 중심을 보시니 그분을 속일 수 없다. 의를 구하고 하나님의 행하심을 구하는 것이 신앙의 기초다. 주님은 의에 주리고 목마른 자는 배부를 것이라고 하셨다. 주님이 주시는 것으로 배부를 것이다. 의로 배부를 것이며 말씀으로 배부를 것이다. 이것은 이 땅의 것으로 배부르지 않겠다는 선포이다. 그래서 우리 앞에 놓인 어려움도, 훈련의 시간도 뛰어넘을 수 있다.

'하나님을 제대로 믿고 싶다!'

우리 안에 이 소원이 있다면, 애통해야 한다. 온유함을 갈급해야 한다. 의에 주리고 목마른 자로 살게 해달라고 기도해야 한다. 돈에 주리고 목마른 자가 아니라, 명예에 주리고 목마른 자가 아니라 예수 그리스도로 주리고 목마른 자가 되어야 한다.

마지막 때에 우리에게 주신 사명이 무엇일까? 우리 한 사람 한 사람이 교회가 되는 것이다. 쉽지 않은 시대 속에서 하나님은 우리에게 훈련을 베푸시며 각 사람의 교회 됨을 요구하고 계신다. 그 사명을 위해 우리는 주님의 마음을 구하는 자로 서야 한다.

애통하라, 이 시대를 바라보면서.

애통함으로 하나님께 가까이 가면 하나님이 안아주신다.

그것이 하나님의 방법이고, 하나님의 위로이다.

하나님의 위로는 문제의 해결이 아니라

하나님과 가까이함이다.

온유하라. 하나님을 닮아가라.

하나님을 주인으로 모시라.

하나님이 나의 모든 것의 주인 되시게 하라.

물질과 시간과 생각까지도.

"하나님, 나의 주인이 되어주시옵소서!"

의에 주리고 목마른 자, 그래서 주님이 주시는 것으로 배부른 자가 되라.

"하나님의 의로 배부르게 하소서. 하나님의 것으로 배부르게 하소서. 세상의 것으로 배부르지 않게 하소서!"

7 긍휼히 여기는 자는 복이 있나니 그들이 긍휼히 여김을 받을 것임이요 8 마음이 청결한 자는 복이 있나니 그들이 하나님을 볼 것임이요 9 화평하게 하는 자는 복이 있나니 그들이 하나님의 아들이라 일컬음을 받을 것임이요 10 의를 위하여 박해를 받은 자는 복이 있나니 천국이 그들의 것임이라 11 나로 말미암아 너희를 욕하고 박해하고 거짓으로 너희를 거슬러 모든 악한 말을 할 때에는 너희에게 복이 있나니 12 기뻐하고 즐거워하라 하늘에서 너희의 상이 큼이라 너희 전에 있던 선지자들도 이같이 박해하였느니라 마 5:7-12

chapter 3

십자가의 마음을 품으라

긍휼히 여기는 자는 복이 있다

긍휼은 단순히 불쌍히 여기는 것이 아니다. 생각만 하는 것도 아니다. 지나가다가 어려운 사람을 보고 '아, 안타깝다' 느끼는 것도, 돈을 조금 주고 마음이 편안해지는 것도 긍휼은 아니다. 그저 동정한 것이고 기부한 것이다.

긍휼은 그보다 더 강한 것이다. 긍휼은 헬라어로 '엘레이모네스'라고 하는데, '상대의 피부 속으로 파고 들어가다'라는 뜻이다. 그의 마음 한가운데서 함께하고 함께 느끼는 것을 의미한다.

예수님이 우리를 불쌍히만 여기셨으면 십자가를 지시지 않았을 것이다. 예수님은 우리를 긍휼히 여기셨다. 그래서 액션이 다르셨던 것이다. 그것이 십자가 역사였다.

비가 오면 함께 비를 맞아주는 것이 긍휼이다.

긍휼한 사람을 찾지 말고,

긍휼한 사람이 되어야 한다.

교회에는 두 기둥이 있다. 선교와 긍휼이다. 이 두 가지가 교
회의 정체성이 되지 못하면, 그 교회는 이 땅에서의 사명을 감
당하지 못하는 것이다. 우리가 불편을 감수하면서도 선교와
긍휼에 집중하려는 것은, 그것이 교회의 사명이기 때문이다.
만약 다른 데 신경 쓰느라 선교와 긍휼이 뒷전이라면, 그것은
하나님의 공동체가 아닌 것이다. 세상의 다른 모임과 다를 바
없다.

예수님은 긍휼히 여기는 자가 복이 있다고 하셨다. 그러니
긍휼한 사람을 찾지 말고, 긍휼히 여기는 자가 되어야 한다.
나를 도와줄 사람, 나와 함께 비 맞아줄 사람을 찾지 말고 함
께 비를 맞아주고 함께해주는 사람이 되어야 한다. 문제 해결
의 능력은 우리에게 있지 않다. 그러나 그 사람과 함께하는 것,
이것이 하나님이 우리에게 원하시는 것이다.

예수님은 이 땅에 오셔서 우리와 함께하셨다. 예수님의 삶이
긍휼의 삶 자체였다. 긍휼은 예수님의 마음이며, 예수님의 삶
자체다.

성경에서 대표적인 긍휼의 사람을 꼽으라고 한다면, '선한 사마리아인'을 떠올릴 수 있을 것이다. 선한 사마리아인은 강도 만난 사람을 바라보며 불쌍히 여겼는가, 긍휼히 여겼는가?

사마리아인은 강도 맞은 사람을 보며 '저 사람 너무 불쌍하네?' 하고 지나치지 않았다. 제사장도 그냥 지나치고, 레위인도 그냥 지나쳤는데, 사마리아인은 긍휼히 여겨 살려주었다. 긍휼을 가르치는 자들이 그냥 스쳐 지나간 자를 살린 것이다.

긍휼은 불쌍히 여기는 것이 아니다. 그러니 내 안에 불쌍히 여기는 마음이 있다는 것으로 스스로에게 점수를 주지 말아야 한다. 가끔은 어려운 이웃의 사연을 다룬 TV 프로그램을 보다가 불쌍한 마음에 ARS를 눌러 기부도 한다. 그런 자신이 썩 괜찮은 사람인 줄 아는 경우가 있다. 그러나 그런 것은 긍휼이 아니다.

긍휼함은 함께하는 것이다.
함께하고 함께 느끼는 것이다.

사마리아인은 강도 맞은 사람과 함께했다. 그런데 사마리아인을 부를 때 어떤 사마리아인이라고 부르는가? '선한 사마리아인'이라고 부른다. 그 당시 사마리아인은 유대인들에게 어떤 존재였는가? 사람으로도 여겨지지 않았다. 그런 사람 앞에 '선한'이라는 단어를 사용하셔서 예수님이 말씀을 전하신 중요한 이유가 있다. 말만 하는 것은 아무 소용없다는 것이다.

'너희가 거룩하다고 생각하는 제사장? 서기관? 말만 하고 생각만 한다면 아무 소용없다. 긍휼은 함께하는 거야. 함께 느끼는 거야. 함께 비를 맞는 거야.'

이것을 전하시는 것이다. 그래서 유대인들이 개처럼 여겼던 사마리아인을 '선한 사마리아인'으로 부르시며 말씀하신 것이다.

희생 없는 섬김은 긍휼이 아니다

긍휼은 완전하고 전체적인 섬김을 뜻한다. 긍휼의 정신은 '함께하는 것'이다. 우리가 희생하지 않는 수준에서 돕는 것은 긍휼이 아니다. 선한 사마리아인은 강도 맞은 사람을 돕기 위해 자신을 희생했다. 많은 교회에서 긍휼과 선교에 많은 재정을 쓰는 것은, 그것이 교회의 정체성이기 때문이다. 사실, 선교와 구제를 아예 안 하는 교회는 없다. 그러나 명목상 하는 것은 하는 것이 아니다. 희생 없는 섬김은 긍휼이 아니다. 선한 사마리아인은 자신을 완전히 희생함으로 섬겼다. 희생 없는 섬김을 긍휼이라고 하지 않고, 십자가 지는 것을 긍휼이라고 한다.

아는 것이 아니라,

마음으로 느끼는 것이 아니라,

살리는 것이 긍휼이다.

예수님이 십자가를 지시고 죽음을 택하신 것,

그것이 긍휼이다.

긍휼은 멋짐이 아니라 희생이다.

긍휼한 사람이 화평케 한다

긍휼한 사람은 평화를 만든다. 평화롭게 사는 정도가 아니고 평화를 만든다. 피스메이커(peacemaker)로 살게 되는 것이다. 화평하게 하는 사람은 긍휼의 마음이 있어야 한다. 9절에 보면 화평하게 하는 자가 복이 있다고 하셨다.

"화평하게 하는 자는 복이 있나니."

'평화롭게 살라'도 아니고 '평화를 지켜라'도 아니고 평화를 만드는 것, 쉽지 않다. 살다 보면 좋았던 관계도 어려울 때가 있다. 우리가 모든 관계를 다 좋게 해결할 수 있는 것은 아니지만, 적어도 우리는 누군가를 이간질하거나 다른 사람이 잘되는 것을 질투하지 말고 생명을 살리는 사람이 되어야 한다. 이것이 정말 중요하다. 또한 우리의 말과 행동을 통해 누군가를 기쁘게 하는지 살펴볼 필요가 있다.

그의 십자가의 피로 화평을 이루사 만물 곧 땅에 있는 것들이나 하늘에 있는 것들이 그로 말미암아 자기와 화목하게 되기를 기뻐하신이라 골 1:20

십자가를 통해서 예수님이 이루신 역사는 화평이요 화목이다. 십자가의 마음은 평화를 만드는 것이다. 악을 만들고 관계를 깨는 인생은 십자가의 마음, 곧 하나님의 마음이 없는 것이다.

모든 것이 하나님께로서 났으며 그가 그리스도로 말미암아 우리를 자기와 화목하게 하시고 또 우리에게 화목하게 하는 직분을 주셨으니 고후 5:18

하나님은 우리에게 '화목하게 하는 직분'을 주셨다. 교회의 질서가 무너지면, 평화가 깨진다. 따라서 화목하게 하는 직분을 감당하기 위해선 교회의 질서를 지켜야 한다. 교회의 질서는 언제 무너지는가? 본질을 놓치면 깨진다. 교회의 주인은 하나님이신데, 사람이 주인 행세하면 교회는 반드시 망가진다.

우리가 건강한 신앙생활을 하기 위해선 본질을 붙잡아야 하는데, 본질이 무엇인가? 십자가다. 십자가의 마음을 붙잡아야 한다. 십자가의 마음에는 두 가지 핵심 액션이 있는데, 그것이 무엇인가 하면, 긍휼과 선교다. 계속 강조하지만, 이 두 가지가 없으면 교회가 아니다.

교회의 사명이라고 말하기에도 너무 약하다. 교회가 존재하는 이유다. 하나님이 교회를 세우신 이유인 것이다.

십자가의 마음으로 사는 것
그것이 교회의 존재 이유다.

우리 한 사람 한 사람이 다 교회다. 그 각 사람의 교회가 모여서 공동체를 이루면, 교회 공동체로서 서로를 화목하게 하면서 본질을 붙잡고 선교와 긍휼을 행하는 공동체가 되어야 한다. 이것이 교회의 본질이며, 이것을 잃어버리면 다 잃어버리는 것이다.

마태복음 5장 9절을 보면, 화평하게 하는 자가 복이 있는데, 그들이 어떤 복을 받는다고 하셨는가?

"그들이 하나님의 아들이라 일컬음을 받을 것임이요."

뱀은 아담과 하와에게 '너희가 이것을 먹으면 하나님처럼 돼. 그러니 하나님의 말씀에 순종하지 말고 이걸 먹어. 그럼 너는 하나님의 권력을 갖게 될 거야'라고 유혹했다. 하지만 하나님께서는 뭐라고 말씀하시는가? '너희가 긍휼한 마음으로 본질에 힘써서 이 땅에서 화목하는 역사를 이루어내면, 너희는 하나님의 아들이라 일컬음을 받을 거야'라고 하신다.

하나님처럼 되어서, 어떤 힘과 권력을 잡아서 하나님의 아들이 되는 게 아니다. 예수님의 십자가 앞에 우리가 완전히 엎드러질 때, 십자가의 마음을 품고 살아갈 때 하나님은 우리를 하나님의 아들이라 일컬어주신다.

우리가 품어야 할 마음

이 말씀은 예수님이 직접 하신 말씀이기에, 그야말로 절대적이며 본질적인 말씀이다. 따라서 순종해야 할 뿐 아니라 가슴에 품고 살아가야 한다. 하나님의 마음을 품게 해달라고, 십자가의 마음을 품게 해달라고 기도해야 하는 것이다.

그렇다면, 그 마음은 어떤 마음인가?

마음이 청결한 자는 복이 있나니 그들이 하나님을 볼 것임이요
마 5:8

청결한 마음이다. 우리는 청결한 마음을 품어야 한다.

하나님의 마음을 품는 것,
예수님을 닮아가는 것.
그것은 깨끗한 마음이다.

주님은 항상 '깨끗함'을 강조하신다. 주께서 사용하시는 그릇은 큰 그릇, 작은 그릇, 금 그릇, 은 그릇이 아니라 깨끗한 그릇이다. 하나님께 사용되는 그릇은 화려한 능력이 아니라 깨끗함이다. 깨끗하지 않으면 사용될 수 없다.

그런데 우리는 자꾸 어떻게 기도하는가? 깨끗한 그릇이 되게 해달라고 기도하지 않고 '금 그릇, 은 그릇, 다이아몬드 그릇, 눈에 보기 좋은 그릇이 되게 해주소서'라고 기도하고 있다.

한국 교회에서 가장 많이 하는 기도 내용 중에 하나가 "꼬리 되게 하지 마시고 머리 되게 하옵소서"라는 것이다. 그래서 우리나라 교회는 머리가 너무 많아서 다툼도 너무 많다. 이것은 본질에서 벗어나는 것이다. 하나님이 주인 되심에서 벗어나는 것이다.

마음이 깨끗해야 예배가 된다

주님 앞에 드려지는 제사는 깨끗해야 한다. 마음을 깨끗이 해야 예배가 된다. 주님은 마음의 중심을 보신다고 했다. 그런데 그 마음과 중심은 하나님과 나밖에 모른다. 그러니 사람들을 속이기가 너무 쉽다.

나는 목회자로서 성도의 임종을 지키는 것을 굉장히 중요하게 생각하고, 최선을 다한다. 내가 끌어안고 내 품에서 돌아가신 분들이 많다. 그런데 가끔 신앙생활도 잘하고 인격도 훌륭한 분인데, 돌아가시기 직전에 이상한 소리를 하는 분들이 있다. 너무 무섭다고, 죽기 싫다고, 천국이 있는지 모르겠다고. 그런 분들을 보면 나도 마음이 너무 조급하고 마음이 너무 힘들다. 물론 그 한마디로 그 사람을 판단하거나 천국에 갔네,

지옥에 갔네 단정할 수는 없지만, 장례를 치르는 내내 마음이 무겁다.

그런데 병상에서 세례를 받아서, 사는 내내 교회에서 예배 한 번도 못 드리고 병상에서 예배 몇 번 드린 것이 다인 성도가 자는 것처럼 평안하게 세상을 떠나는 것을 볼 때가 있다.

많은 임종을 지켜본 결과 한 가지 확실한 것이 있다. 사람은 죽으면 어디론가 간다는 것이다. 이것은 너무나 분명하다. 그러니 하나님이 있네, 없네 하는 것은 다 쓸데없는 소리다. 사람이 죽는 것을 보면 천국과 지옥이 있다는 게 확실해진다.

그런데 무엇이 정말 하나님 앞에서 기쁨이 될까? 왜 깨끗함이 기쁨이 될까? 눈에 보여지는 것들, 사람들에게 인정받는 것들에 둘러싸여 있는 그릇은 겉은 깨끗한데 안이 더럽다. 그러나 순박하게 주님을 붙잡는 사람은 그 마음이 깨끗하다.

평생을 남미의 선교사로 살다가 미국에서 노후를 맞이하셨던 선교사님이 계시다. 그 분이 우리 아버지가 목회하시던 교회에 출석하시다가 돌아가셨는데, 그 분이 돌아가실 때 그 분의 몸에서 향내가 났다. 그때는 내가 청소년이었을 때인데, 정말 충격이었다.

우리는 이 땅의 가치관으로 살지 말아야 한다. 깨끗한 그릇으로 살아야 한다. 내 그릇이 바뀌는 것이 아니라 그 그릇이 깨끗해져야 한다는 말이다. 그렇게 마음이 청결한 자가 어떤 복을 받는가? 하나님을 본다. 다시 말해, 마음이 청결하지 못하면 하나님을 보지 못한다.

하나님을 본다는 것의 의미는 하나님 앞에 예배를 드리고 하나님과 관계를 갖는 것이다. 하나님과 의미 있는 삶이 되는 것이다.

여호와의 산에 오를 자가 누구며 그의 거룩한 곳에 설 자가 누구인가 곧 손이 깨끗하며 마음이 청결하며 뜻을 허탄한 데에 두지 아니하며 거짓 맹세하지 아니하는 자로다 그는 여호와께 복을 받고 구원의 하나님께 의를 얻으리니 이는 여호와를 찾는 족속이요 야곱의 하나님의 얼굴을 구하는 자로다 (셀라) 시 24:3-6

하나님께 예배를 드리려면 깨끗함이 있어야 하는데, 깨끗함이 있으려면 어떻게 해야 하는가?

뜻을 허탄한 데 두지 말아야 한다. 이 땅에 마음을 두지 말고, 거짓 맹세하지 말아야 한다. 마음이 깨끗한 자의 예배가 하나님께 드려진 바 될 것이며, 그는 하나님을 찾는 자요 하나님의 얼굴을 구하는 자다.

제대로 믿을 때 박해가 맺힌다

자, 우리가 지금 산상수훈의 팔복을 함께 살펴보고 있는데, 우리가 이렇게 예수님의 말씀대로 살 때, 행동하는 신앙으로 살 때 필연적으로 따라오는 것이 있다. 박해다. 이런 행동하는 신앙은 박해를 받는다.

박해는 피해 가는 것이 아니다. 그렇다고 받아들이는 것도 아니다. 박해는 또한 추구하는 것이 아니다. 박해는 그냥 신앙으로 살면 필연적으로 온다.

'나는 박해 싫어'라고 한다고 박해가 안 오는 것이 아니고, '나는 박해를 원해'라고 한다고 박해가 오는 것이 아니다. 박해는 하나님의 말씀으로 이 땅을 살면 경험하게 되는 순서다.

박해는 열매다.
박해를 원하는 것이 아니라
신앙으로 살면 박해가 온다.

그러니 거짓으로 비방을 받거나 박해를 받으면, 오히려 감사할 일이다. 그런데 거꾸로 생각해보면, 우리는 박해를 받아본 적이 있는가? 별로 없다면, 내가 잘살아서가 아니라 잘못 살았기 때문이다. 내가 잘 믿어서가 아니라 잘못 믿었기 때문이다.

한 가지 헷갈리면 안 되는 게 있다. 하나님의 말씀대로 살아서 나타나는 핍박을 박해라고 하지, 내 성격이 나쁘고 내가 말과 행동을 나쁘게 해서 누군가에게 욕먹는 것은 박해가 아니다. 그냥 욕 먹을 짓을 해서 욕 먹는 것이다.

폼 잡는 신앙은 가짜다.
영적 제사로 드려지는 신앙만 진짜다.
팔복의 완성은 천국이다.
말씀의 완성은 이 땅에 천국이 시작되는 것이다.

아픔과 고독 속에 갇혀 지내지 마라.
말씀으로 반응하면 천국이 시작된다.

천국의 시작과 천국의 완성

내 의가 강해서 자기 의로 사는 것도 하나님의 의로 사는 것이 아니다.

10절을 보자.

의를 위하여 박해를 받은 자는 복이 있나니 천국이 그들의 것임
이라 마 5:10

의를 위해 박해를 받는 자는 복이 있는데, 그들이 무슨 복을
받는가? 천국이 그들의 것이라고 하신다.

자, 산상수훈의 시작인 3절이 어떻게 시작했는가?

"심령이 가난한 자는 복이 있나니 천국이 그들의 것임이요."

천국의 시작이 심령의 가난함이라면 의로 박해를 받는 것이
천국의 완성이다. 그래서 팔복이 천국으로 시작해서 천국으로
끝나는 것이다.

팔복은 하늘의 복이다. 이 땅의 복이 아니다. 천국을 소유하
는 복이요, 천국의 사람으로 사는 복이다.

부당하게 고난을 받아도 하나님을 생각함으로 슬픔을 참으면
이는 아름다우나 죄가 있어 매를 맞고 참으면 무슨 칭찬이 있으
리요 그러나 선을 행함으로 고난을 받고 참으면 이는 하나님 앞
에 아름다우니라 이를 위하여 너희가 부르심을 받았으니 그리스
도도 너희를 위하여 고난을 받으사 너희에게 본을 끼쳐 그 자취
를 따라오게 하려 하셨느니라 그는 죄를 범하지 아니하시고 그
입에 거짓도 없으시며 욕을 당하시되 맞대어 욕하지 아니하시고

고난을 당하시되 위협하지 아니하시고 오직 공의로 심판하시는 이에게 부탁하시며 친히 나무에 달려 그 몸으로 우리 죄를 담당하셨으니 이는 우리로 죄에 대하여 죽고 의에 대하여 살게 하려 하심이라 그가 채찍에 맞음으로 너희는 나음을 얻었나니 너희가 전에는 양과 같이 길을 잃었더니 이제는 너희 영혼의 목자와 감독 되신 이에게 돌아왔느니라 벤전 2:19-25

이 본질을, 이 십자가의 마음을 우리가 붙잡고 살아가야 한다. 이 책에서 계속 예수님이 가르치신 산상수훈을 나누고 살펴보게 될 텐데, 하나씩 배워갈 때마다 이 팔복의 능력이 우리 삶에 나타나기를 바란다.

교회가, 우리 한 사람 한 사람이 본질에서 벗어나면 끝이다. 포인트가 조금만 잘못되어도 예배에 하나님의 임재가 없다. 겸손하게, 두렵고 떨림으로 하나님을 붙잡고 나아가자.

이렇게 도전하고 싶다.

어느 누군가의 순교,
어느 누군가의 핍박,
어느 누군가의 박해가
그저 감동적인 이야기가 아니라

우리는 매일 순교하는 삶을 산다. 매일 나는 죽고 주님이 사시기를 기도하는 것이다. 매일 기도하자.

"나는 거룩을 붙잡습니다. 나는 헌신합니다. 삶의 변화를 영적 제사로 올려드리는 신앙을 갖게 하옵소서."

그래서 우리의 삶 속에서 천국의 모습이 드러나기를.

마지막 때에 본질을 붙잡고 교회의 진짜 모습이 어떤 모습인지를 선포하는 삶을 살게 되기를.

우리가
지켜야 할
가르침

PART
2

¹⁷ 내가 율법이나 선지자를 폐하러 온 줄로 생각하지 말라 폐하러 온 것이 아니요 완전하게 하려 함이라 ¹⁸ 진실로 너희에게 이르노니 천지가 없어지기 전에는 율법의 일점일획도 결코 없어지지 아니하고 다 이루리라 ¹⁹ 그러므로 누구든지 이 계명 중의 지극히 작은 것 하나라도 버리고 또 그같이 사람을 가르치는 자는 천국에서 지극히 작다 일컬음을 받을 것이요 누구든지 이를 행하며 가르치는 자는 천국에서 크다 일컬음을 받으리라 ²⁰ 내가 너희에게 이르노니 너희 의가 서기관과 바리새인보다 더 낫지 못하면 결코 천국에 들어가지 못하리라

마 5:17-20

chapter **4**

말씀을 이루라

복음과 율법의 관계

기독교는 삶이다. 말에 있지 않고 삶에 있다. 크리스천의 성품은 착한 행실로 이어지며, 그 열매는 세상에 선한 영향력으로 나타난다. 그리고 그 영향력을 한마디로 표현하면, '의'다. 하나님의 의가 나타난다.

의에 주리고 목마른 자는 복이 있나니 그들이 배부를 것임이요
마 5:6

의를 위하여 박해를 받은 자는 복이 있나니 천국이 그들의 것임이라 마 5:10

예수님은 우리가 하나님의 의에 주리고, 의를 위하여 박해를 받을 때 복이 있다고 말씀하셨다. 내가 잘못해서 욕먹는 것은 핍박이 아니다. 그런 경우 말고, 우리가 하나님의 의를 붙잡고 그 의를 삶의 지침으로 삼아 살면, 필연적으로 세상과 충돌이 일어나게 된다. 그 충돌을 핍박이라고 한다.

본문은 기독교적 의에 대한 정의와 신약과 구약의 관계, 복음과 율법의 관계를 정리해주고 있는데, 이 말씀을 잘 이해하고 잘 붙잡으면 산상수훈을 전체적인 맥락 안에서 이해할 수 있다.

산상수훈은 예수님이 직접 설교하신 말씀이다. 그러니 이만큼 강력할 수 없다. 예수님은 17절에서 이렇게 말씀하셨다.

"내가 율법이나 선지자를 폐하러 온 줄로 생각하지 말라."

흔히 구약은 율법, 예수님이 오신 신약은 은혜라고 생각한다. 더 이상 율법으로 살지 말고 은혜로 살자는 말도 많이 한다. 하지만 예수님은 율법을 폐하러 오신 것이 아니라고 말씀하신다.

예수님이 이 땅에 오셔서 많은 개혁들이 일어났다. 사실 예수님이 선포하신 것들이 당시 유대인들에게는 기겁할 내용들이었다. 그중 하나가 '안식일 논쟁'이었다.

예수님이 안식일에 병자를 고치셨다. 그러자 난리가 났다.

'네가 뭔데, 감히 안식일을 범하다니!'

그러나 주님은 행위보다 마음이 더 중요하다는 것을 계속 말씀하셨다. 서기관들과 제사장들은 자신의 자리가 흔들리는 것에 불안을 느꼈다. 그래서 '모세의 권위보다 너의 권위가 더 높으냐?'라고 따졌다. 그때 예수님이 모세의 율법에 대해 뭐라고 말씀하시는가? 마음이 중요하니 율법은 중요하지 않다고 하지 않으셨다.

'율법 너무 중요하지. 나는 그것을 없애려고 온 것이 아니라 완성하기 위해서 왔다.'

하나님은 구약시대에도 사랑으로 말씀하셨고, 신약시대에도 사랑으로 말씀하셨다. 그리고 이 땅에 하나님의 사랑으로 오신 예수님이 그 사랑의 완성을 선포하시는 것이다. 그런 의미에서 본문의 말씀은 정말 중요하다. 구약의 교리적 가르침과 율법에 계시된 교훈들을 예수님 자신의 인격과 가르침을 통해 완전하게 하시겠다는 것이다.

예수님이 바리새인을 싫어하신 이유

예수님이 이 땅에 계셨을 때 바리새인을 몹시 싫어하셨다. 그들이 어떤 사람들이었는가? 율법을 어마어마하게 잘 지키던 자들이었다.

율법에는 248개의 명령과 365개의 금지사항이 있다. 우리가 천국에 갈 수 있는 두 가지 방법이 있는데, 하나는 태어나서 죽을 때까지 모든 율법과 금지사항을 다 지키면 된다. 그런데 그것은 불가능하지 않은가? 우리는 눈만 떠도 율법을 어기는 존재다. 율법은 겉으로 보이는 모양만 지킨다고 지키는 것이 아니다. 마음속으로 미운 사람에게 욕하고 눈만 흘겨도 율법을 어기는 것이다. 그러니 우리는 아무리 노력해도 율법을 다 지킬 수 없는 존재다.

그럼에도 바리새인들은 자신들은 모든 율법을 다 지켰노라고, 그것을 자랑으로 여기는 자들이었다. 물론, 그들은 겉으로는 누구보다 율법을 잘 지켰던 사람들이다. 하지만 하나님의 관심은 어디에 있는가?

내가 보는 것은 사람과 같지 아니하니 사람은 외모를 보거니와 나 여호와는 중심을 보느니라 하시더라 _삼상 16:7_

하나님의 관심은 우리의 중심, 즉 우리의 마음에 있으시다. 겉으로는 아무리 율법을 잘 지켜도 그 중심에 하나님을 사랑함이 없다면, 하나님은 그 행동을 인정하지 않으신다.

더욱이 율법의 잣대는 자기 자신을 향해 있어야 하는데, 바리새인들의 잣대는 항상 남을 향해 가 있었다. '너는 이런 죄를 지었어. 너는 이런 율법을 어겼어' 하며 그들은 항상 다른 사람을 판단했고, 그들과 자신을 비교하여 자신을 우위에 두었다. 예수님은 그 태도를 싫어하셨다.

주님은 겉모습이 아닌 중심을 보신다

예수님은 당시 바리새인들이 죄인이라고 상종도 하지 않았던 사람들을 오히려 다 끌어안으셨다. 그리고 '내가 너희를 위해서 왔다'라고 말씀하셨다.

하나님은 우리의 삶을 바라보실 때 다른 사람과 비교하며 그들의 기준으로 우리의 행동을 재지 않으신다. 은혜로 우리의 마음을 바라보신다. 그렇기에 우리가 정말 하나님을 붙잡고 살고 싶은데 삐끗하며 잘못될 때, 하나님은 우리를 비난하지 않으시고 안아주신다.

하지만 영적으로 교만해져서 보이는 것에만 신경 쓰는 종교인으로 살아간다면, 그것은 그냥 넘어가지 않으신다. 사람은 다 속일 수 있어도 하나님은 속지 않으시기 때문이다. 마음은 변화되지 않은 채 겉으로 보이는 것에만 신경 쓰는 사람이 종교인이다. 하나님은 그런 사람을 제일 싫어하신다.

하나님은 종교인을 원하시는 것이 아니라
신앙인을 원하신다.

생각만 한 것은 말씀을 지킨 것이 아니다

하지만 마음이 중요하다면서, 말씀을 삶으로 살아내지 않는 것도 하나님은 받지 않으신다. 그것은 그럴싸한 핑계일 뿐 진정으로 그 마음이 하나님께로 향해 있는 것이 아니다. 입술과 생각으로만 말씀을 따르는 것은 진정으로 그 말씀대로 사는 삶이 아니다.

학교에 다니는 학생이 학교에서 숙제를 받아왔다. 집에 가서 "엄마, 나 숙제가 많아요"라고 말했다. 숙제를 한 것인가? 안 한 것이다. 잠시 후에 "엄마, 나 숙제 할 거예요"라고 말했다. 숙제를 한 것인가? 안 한 것이다. "나 숙제가 뭔지 알아"라고 말했다면 숙제를 한 것인가? 역시 안 한 것이다. 정말로 숙제를 해야, 한 것이다.

그런데 우리가 이런 식으로 신앙생활을 하고 있지 않은가? '나 하나님의 말씀을 알아. 나 하나님의 말씀을 들었어. 아멘도 했어. 기도도 했어. 게다가 눈물도 흘렸어'라고 하면서 우리는 이런 착각을 한다.

'난 하나님의 말씀으로 살고 있어.'

하지만 생각만 했다고, 입술로 고백만 했다고 우리가 정말 하나님의 말씀으로 살고 있는 것은 아니다. 주님은 우리에게 이렇게 물으신다.

'네가 정말 그렇게 살고 있느냐? 너의 마음이, 너의 중심이, 너의 삶이 정말로 하나님 앞에 온전히 드려졌느냐?'

우리는 바리새인처럼 행동으로만 율법을 따르는 우를 범해선 안 된다. 그러나 동시에 말과 생각으로만 예수님의 말씀을 따른다면서 우리의 삶으로는 전혀 말씀을 살아내지 않는 것도 말씀대로 사는 삶이 아니다.

라일(Ryle) 감독은 "구약은 봉오리 상태의 복음이다. 신약은 완전히 만개한 복음이다"라고 했다. 구약의 예언이 신약에서 완성된 것이다. 그래서 예수님은 율법을 폐하러 오신 것이 아니라 완성하기 위해 오셨다고 하셨다. 그 완성은 예수님의 십자가와 부활이다.

예수님은 말씀만 하신 것이 아니라

실제로 이 땅에 오셨다.

말씀으로 십자가를 지신 것이 아니라

실제로 십자가를 지셨으며,

3일 후에 실제로 부활하셨다.

그것을 우리가 믿는 것이다.

그렇다면 우리 삶에도 이렇게 적용해볼 수 있다. 우리가 율법으로 사는 것인가? 아니다. 우리는 분명 예수님의 은혜로 사는 자들이다. 그러나 우리는 하나님의 말씀으로 사는 존재다. 구약에 선포된 말씀이나 신약에 선포된 말씀이나 다 하나님의 사랑으로 선포된 말씀이기 때문에, 그 말씀들은 다 우리 삶의 지침이고 우리는 그 말씀을 붙잡고 살아가야 한다.

그런데 너무 많은 크리스천들이 '은혜'라는 단어로 하나님의 말씀을 온전히 지키지 못하는 것을 쉽게 덮어버리려고 한다.

말씀을 이루기 위해선 순종이 필요하다

교회에서 많이 하는 말 중에 하나가, '내가 너무 연약해서'라는 말이다. 마음은 원인데 너무 약해서 말씀대로 살지 못했다고 핑계를 댄다. 하지만 마음이 원이 아니었을 것이다. 마음이 원이 아니기 때문에 우리가 선택한 그 선택을 한 것이다. 만약 내 마음이 정말 하나님께 가 있으면, 하나님을 원했다면 그렇게 선택하지 않았을 것이다. 내 무책임을 그런 식으로 은혜라는 단어로 덮지 않았을 것이다.

> 그리스도는 모든 믿는 자에게 의를 이루기 위하여 율법의 마침이 되시니라 롬 10:4

예수님이 오신 것은 구약의 말씀을 완성하시기 위해서였으며, 구약의 모든 율법은 예수님의 순종으로 완성되었다. 하나님의 말씀이 이루어지려면, 의가 우리의 순종으로 나타나야 한다. 우리의 순종으로 삶 속에서 그 말씀들이 구체적으로 살아날 때, 말씀이 이루어지는 역사가 일어나며, 말씀이 이루어질 때마다 하나님의 의가 나타나는 역사가 일어나는 것이다. 하나님의 의는 오늘도 크리스천의 선한 영향력으로 이 땅의 지침이 되어야 하는데, 그것은 우리의 말이 아닌 우리의 삶으로 이루어지는 것이다.

따라서 크리스천이라면 하나님의 말씀을 마음에 품고 지켜야 한다. '내가 너를 사랑한다, 내가 너와 함께한다, 두려워하지 말라'와 같은 내 마음에 위안이 되는 말씀만 붙들 것이 아니라 내 마음을 어렵게 하고, 내 심령을 흔들어놓는 그런 부담되는 말씀까지도 붙잡고 나의 삶에 적용하는 것이 말씀을 살아내는 크리스천의 모습이다. 그렇지 않으면 우리는 그저 교회 다니는 종교인에 불과할 것이다.

교회는 종교인의 생산소가 아니라 하나님의 군사를 만드는 곳이어야 한다. 예배라는 이름으로 많은 사람이 모여서 짜임새 있는 공연을 보는 곳이 아니라, 그 중심이 변화되어 하나님의 군사로 세워지는 곳이어야 한다. 그렇게 예배하는 곳이어야 한다.

그렇게 하나님의 군사가 한 사람, 한 사람 세워질 때마다 교회가 세워지는 것이다. 그리고 그 교회가 선포될 때마다 그곳에 하나님의 역사가 일어날 줄 믿는다.

말씀은 하나님이 주신 영적 지침

라이트하우스교회 해운대에 출석하는 성도 중에 내가 〈새롭게 하소서〉에 출연한 것을 보고 교회에 나오기 시작한 분이 있다. 아직 교회 다니기 시작한 지 얼마 안 된 분인데, 예배도 한 번도 안 빠지고 가정예배도 드린다. 정말 놀랍다.

한번은 그 분과 차를 마시며 이야기를 나누는데, 이상하게 교회에 와서 너무 기쁘게 예배 잘 드리고는 집에 가는 길에 꼭 싸우게 되더라는 얘기를 하셨다. 그러면서 예배 때 받은 은혜를 다 잃어버리는 것 같다고. 우리는 그게 어떤 상황인지 알지만, 이제 교회 나온 지 얼마 안 된 분이라 잘 모르겠다 싶어서 조언을 해드리려는데, 내가 무슨 말을 하기도 전에 이런 얘기를 하셨다.

"몇 번이나 비슷한 시점에 일이 벌어지는 것을 보고 '아, 이런 게 예배를 방해하는 것이구나. 예배를 방해하는 요소가 있구나'라는 걸 알았어요. 가정예배를 드려야 하는데 갑자기 아이들이 말을 안 듣기도 하고, 아내가 졸려 하기도 하고. 한번은 너무 화가 나서 이럴 거면 하지 말라고 했는데, 그러면 안 되는 거였어요."

예배 다닌 지 얼마 안 된 초신자가 영적인 세계를 깨달았다니, 정말 놀랍지 않은가? 영적인 세계는 우리 삶 속에 분명히 존재한다. 그 영적인 삶을 위해 하나님이 우리에게 주신 영적인 지침이 있는데, 그것이 바로 율법이고 하나님의 말씀이다. 그렇기 때문에 우리는 우리의 약함이란 단어로, 혹은 하나님의 은혜란 단어로 그것을 쉽게 덮어버리면 안 된다. 그렇게 살지 않으면서 '난 약하니까. 우리 모두 다 약한 존재니까 하나님의 은혜가 필요하지' 이러면서 넘어가면 안 된다는 것이다.

왜냐하면 우리는 하나님의 군사이기 때문이다. 우리는 청취자도 아니고, 배우도 아니며, 그저 바라보는 사람도 아니다. 우리는 영적 전쟁 안에 있는 군사이기 때문에 깨어서 하나님 앞으로 나아가야 한다.

에스겔서에서 하나님이 이렇게 말씀하셨다.

> 또 내 영을 너희 속에 두어 너희로 내 율례를 행하게 하리니 너희가 내 규례를 지켜 행할지라 겔 36:27

하나님의 영이 우리 안에 임하셔서 하나님의 말씀을 행하게 하신다. 하나님이 우리의 주인이 되어 하나님의 말씀을 행하게 할 것이다. 하나님의 군사로 살게 해주신다는 것이다. 하나님은 우리를 군사로 부르셨고, 그분의 군사로 세워주실 것이다. 그런데 그 지침과 에너지가 하나님의 말씀인 것이다. 하나님의 말씀으로 우리가 채워지고, 그 말씀으로 우리가 나아갈 때 하나님께서 우리를 통해 역사하실 것이다.

영적인 수준을 높여라

'구약은 율법, 예수님은 은혜' 이렇게 생각하면 안 된다. 구약의 율법들도 하나님의 사랑으로 선포된 하나님의 말씀이다. 우리는 하나님이 사랑으로 선포된 그 말씀들을 다 붙잡고 살아가야 한다. 물론 하나님의 은혜 없이는 불가능한 일이지만, 우리는 우리 자신에게 조금 더 엄격해질 필요가 있다. 쉽게 쉽게 넘어가지 말아야 한다. 하나님의 말씀에 순종하지 않으면서 '난 연약해서 어쩔 수 없어'라면서 넘어가는 것을 이제 그만하자. 기준을 높이 잡고 우리의 수준을 높여야 한다.

우리는 하나님의 군사로 살아가야 하는데, 싸움에 나가서 '잠깐, 나 아직 준비가 안 됐어. 나는 약해'라고 할 수 있는가? 적군에게 '좀 봐줘. 넌 오른팔로만 싸워'라는 게 통할까?

우리는 영적으로 만만치 않은 상대와 맞붙었다. 교활하고 악하고 이간질하고 거짓말하는 악한 상대와 붙어야 하는 하나님의 군사다. 그 만만치 않은 싸움을 싸울 능력은 하나님의 말씀을 순종하는 데서 나온다. 하나님의 말씀에 '아멘' 할 때 나오는 게 아니다. 그 말씀을 살아낼 때 그 능력이 나온다. 하나님의 말씀에 순종하여 내 삶으로 살 때 그 능력이 나온다는 말이다. 본문 19절을 보자.

그러므로 누구든지 이 계명 중의 지극히 작은 것 하나라도 버리고 또 그같이 사람을 가르치는 자는 천국에서 지극히 작다 일컬음을 받을 것이요 누구든지 이를 행하며 가르치는 자는 천국에서 크다 일컬음을 받으리라 마 5:19

여기서 "누구든지 이를 행하며 가르치는 자는"에 밑줄을 쳐라. 이 말씀을 꼭 기억하라. 우리가 하나님의 계명을 가르쳐야 하는데, 행함이 먼저다. 말로 가르치는 게 아니라 우리의 삶에서 행함으로 가르쳐야 한다. 바로 이것이 하나님이 우리에게 원하시는 것이다.

그러시면서 예수님이 20절에서는 "서기관과 바리새인보다 더 낫지 못하면" 천국에 들어갈 수 없다고 말씀하셨다.

내가 너희에게 이르노니 너희 의가 서기관과 바리새인보다 더 낫지 못하면 결코 천국에 들어가지 못하리라 마 5:20

일단 이 말씀으로 알 수 있는 게, 예수님은 서기관과 바리새인이 천국에 들어가기 쉽다고 하신 것인가, 어렵다고 하신 것인가? 어렵다는 것이다. 그리고 그들보다 낫지 않으면 우리도 천국에 못 들어간다는 것이다. 그들과 똑같은 수준이면 어떻게 되는가? 천국에 못 들어간다는 말씀이다.

당시 거룩의 가장 높은 기준은 바리새인과 서기관들이었다. 그런데 예수님은 그들처럼 살면 안 되고 그들보다 나아야 한다고 말씀하신 것이다. 그러니 이것은 정말 어마어마한 얘기였다. 이런 말씀을 하셨으니, 바리새인들과 서기관들이 예수님을 죽이려고 한 것이다.

그런 위협에도 불구하고 예수님은 "입으로 가르치는 것은 안돼. 알기만 하는 것은 쓸데없어. 너 그렇게 안 살 거야? 그러면 너는 천국 못 가"라고 말씀하신 것이다. 의를 목말라하고 마음이 청결하여 의에 순종하고, 핍박을 받을지라도 하나님의 말씀으로 살겠다는 게 산상수훈의 핵심이다. 산상수훈의 라이프스타일이 이 말씀을 통해서 꽃이 피는 것이다.

예수님은 바리새인과 서기관들을 싫어하셨지만, 사실 그들은 우리가 쉽게 업신여길만한 대상은 아니다. 그들은 그 많은 율법들을 다 외우고 지키던 자들이었다. 문제는 그들이 자신에게 엄격하기보다 타인에게 더 많이 엄격했다는 것과 하나님을 사랑함으로 하나님의 말씀을 따르는 것이 아니라 보여지기 위해서 따랐다는 데 있다.

그런 그들보다 낫지 못하면 천국에 못 간다는 말씀은, 그들처럼 겉으로만 율법을 지키는 것이 아니라 정말 하나님을 사랑함으로 그 말씀을 삶으로 살아내라는 말씀이다. 율법을 폐하고 말씀을 가벼이 여기라는 것이 아니다.

말씀을 살아내는 삶

어떻게 율법을 완성하며 살아갈 것인가? 말씀을 내 삶 속에서 살아내는 것, 즉 오래 참으라고 하시면 오래 참고, 기뻐하라고 하시면 기뻐하고, 이 세상의 기준과 방법으로 살지 않겠다고 하는 것, 내 삶의 기쁨을 빼앗아 가는 것을 제어하고 우리 삶의 목표를 똑바로 정하는 것이 율법을 완성해내는 삶이다.

하나님은 우리의 겉모습이 아닌 우리 마음의 변화에 주목하신다. 하나님은 우리의 중심에 주목하신다. 우리 마음에 무슨 일들이 일어나는지에 관심을 기울이신다. 그래서 진정한 의는 '마음의 변화'다. 외적인 변화가 아니라 내적 변화 말이다. 외적인 것은 얼마든지 속일 수 있다. 하지만 내적인 변화는 속일 수 없다.

내적인 태도에 신경 쓰지 않고 외적인 행동 기준만 지키는 것이 종교인이다. 우리는 분노, 탐욕, 질투, 원한, 정욕, 미움과 같은 것들을 다스려야 한다. 선한 행동을 하는 것이 아니라 선한 사람이 되는 것이 중요하다. 우리는 보통 선한 행동을 하면 선한 사람이라는 인식이 있는데, 하나님께는 그렇지 않다. 그 내면까지도 선한 사람이 되어야 한다.

우리가 길을 가다가 불쌍한 사람을 보고 돈을 줬다면, 사람들은 우리를 보고 '선한 사람'이라고 하겠지만, 하나님은 그 내면에 긍휼함이 있었는지를 보신다. 긍휼함은 그 사람의 아픔을 함께 느끼는 것이다. 그 긍휼함 없이 행동하는 것은 하나님께는 의미가 없다는 것이다.

주님은 지나가는 나그네의 고통과 고난과 피곤을 같이 느끼며 그에게 냉수 한 그릇 대접하는 것이 나에게 하는 것이라고 하셨다. 정말 주께 하듯 하는 그 마음을 하나님은 원하신다.

꼭 기억하자.

우리는 기독교 교리를 따르는 사람이 아닌
기독교인이 되어야 한다.
믿음의 사람이 되어야 한다.

단순히 교리만 따라도 사람들은 '아, 저 사람은 신앙인이구나. 믿음이 좋은 사람이구나'라고 인정해주지만, 하나님께는 그것으론 부족하다. 하나님은 훨씬 더 까다로우시다. 하나님은 중심을 보시기 때문이다. 그 마음에 하나님을 사랑함이 없다면, 하나님은 받지 않으신다.

우리는 하나님 앞에 예배를 드릴 때마다 예배를 드리는 자신의 마음을 돌아보아야 한다. 그저 책임을 다하기 위해 그 자리에 왔는지, 아니면 하나님께 영광 돌리는 삶을 위해 그 자리에 왔는지 말이다.

우리는 정말 마지막 때를 살고 있다. 최근에 발표된 설문조사에서, 세상 사람들이 교회를 바라볼 때 교회를 신뢰한다고 응답한 사람이 6퍼센트였다. 이것은 교회가 핍박을 받아서 생긴 현상이 아니라 교회가 자멸한 결과다. 교회가 하나님의 말씀대로 살지 않으니까 벌어진 결과다. 하나님의 말씀이 우리의 지침이 되지 못하고 말로만 하니 신뢰를 잃어버린 것이다.

우리도 말로만 하고 약속을 이행하지 않는 사람은 신뢰하지 않는다. 마찬가지다. 그래서 한국교회는 누군가의 공격으로 어려워진 게 아니다. 나에게는 엄격하지 않고 남에게만 엄격한 태도, 세상의 가치가 교회 안에 들어와도 괜찮다고 여기는 모습 때문에 이렇게 된 것이다. 그래서 우리는 새로워진 중심으로 하나님 앞에 나아가야 한다.

우리의 중심이 하나님 앞에 똑바로 서야 한다.

선한 행동이 아니라 선한 마음의 사람,
말씀을 아는 사람이 아니라
말씀으로 살아가는 사람이 되어야 한다.

그리스도 안에서 살아가는 것

그러기 위해선 어떤 일이 벌어져야 하는가?

내가 그리스도와 함께 십자가에 못 박혔나니 그런즉 이제는 내가 사는 것이 아니요 오직 내 안에 그리스도께서 사시는 것이라 이제 내가 육체 가운데 사는 것은 나를 사랑하사 나를 위하여 자기 자신을 버리신 하나님의 아들을 믿는 믿음 안에서 사는 것이라 갈 2:20

바로 이것이다. 우리가 주님 안에서 살아가는 것, 자신은 십자가에 못 박고 이제는 내가 사는 것이 아니라 주님을 믿는 믿음 안에서 살아가는 것, 예수님을 붙잡고 살아가는 것이 이뤄져야 한다.
　예수님을 붙잡고 살아가는 것은, 그분의 말씀을 붙잡고 살아가는 것이다. 내 생각과 내 마음대로 사는 것을 포기하는 것이다. 그것이 예수를 믿는 그리스도인의 삶의 지침이다.

아버지여, 아버지께서 내 안에, 내가 아버지 안에 있는 것같이 그들도 다 하나가 되어 우리 안에 있게 하사 세상으로 아버지께서 나를 보내신 것을 믿게 하옵소서 내게 주신 영광을 내가 그들에게 주었사오니 이는 우리가 하나가 된 것같이 그들도 하나가 되게 하려 함이니이다 곧 내가 그들 안에 있고 아버지께서 내 안에 계시어 그들로 온전함을 이루어 하나가 되게 하려 함은 아버지께서 나를 보내신 것과 또 나를 사랑하심같이 그들도 사랑하신 것을 세상으로 알게 하려 함이로소이다 요 17:21-23

이 말씀은 예수님의 기도다. 우리가 왜 그렇게 살아가야 하는가? 우리는 예수님을 선포해야 하는 하나님의 사람들이기 때문이다. 예수님이 이 땅에 왜 오셨는지, 예수님이 왜 우리를 사랑하셨는지, 그리고 지금 이 시간 예수님이 이 세상을 어떻게 사랑하시는지 말씀을 향한 우리의 반응과 행동으로, 우리의 삶으로 이 땅에 선포해야 하는 하나님의 사람들이기 때문이다.

우리는 예수님의 제자다. 예수님이 이 땅에 오심을 드러내는 예수님의 사람들이다. 우리는 연약하지만, 예수님은 연약하지 않으시다. 우리는 무지하지만, 주님은 무지하지 않으시다. 그래서 더 이상 나의 약함으로 나의 불순종을 덮을 수 없다. 주님과 함께하는 사람은 주님의 힘으로 순종하는 것이다.

주님이 주인인 사람은 주님의 능력으로 하나님의 말씀을 선포하는 것이다. 우리는 이 땅의 어떤 말에도 휘둘리지 않으며, 하나님의 말씀으로 살아가는 사람들이다. 하나님의 마음은 어떤 것인지 궁금해하는 이 세상에 하나님의 마음을 소개하고자 하나님은 우리를 이 땅에 세우셨다. 하나님은 이 마지막 시대에 하나님의 마음을 그대로 전하라고 우리를 교회로 부르셨다.

사명을 위해 말씀을 붙잡는 것이 아니라
말씀을 살아내라.
말씀을 의지하는 것이 아니라
그 말씀을 삶으로 드러내라.

그 놀라운 하나님의 의의 능력이 우리 모두에게 넘치기를 바란다. 하나님의 임재가 우리의 삶을 덮기를, 그래서 하나님의 행하심이 우리 삶에 드러나기를 소망한다.

33 또 옛 사람에게 말한 바 헛맹세를 하지 말고 네 맹세한 것을 주께 지키라 하였다는 것을 너희가 들었으나 34 나는 너희에게 이르노니 도무지 맹세하지 말지니 하늘로도 하지 말라 이는 하나님의 보좌임이요 35 땅으로도 하지 말라 이는 하나님의 발등상임이요 예루살렘으로도 하지 말라 이는 큰 임금의 성임이요 36 네 머리로도 하지 말라 이는 네가 한 터럭도 희고 검게 할 수 없음이라 37 오직 너희 말은 옳다 옳다, 아니라 아니라 하라 이에서 지나는 것은 악으로부터 나느니라 마 5:33-37

chapter 5

삶으로 지키라

맹세하지 마라

예수님은 "맹세하지 말라"라고 말씀하신다. 구약에는 '하나님의 이름으로 거짓 맹세하지 말라'(레 19:12 참조)라는 말씀이 있는데, 예수님은 아예 맹세 자체를 하지 말라고 하신다.

보통 우리는 불리할 때 맹세를 한다. 또 우리 삶으로 나타나지 않는 부분들을 강조할 때 맹세를 많이 한다. 그래서 맹세할 때 이어지는 대화는 거짓이거나 과장일 경우가 많다. "내가 하늘을 두고 맹세하는데…"라고 시작하는 문장은, 일단 신뢰가 가질 않는다. 진실되면 맹세를 하지 않는다.

바리새인들은 잎만 무성한 나무였다. 그들은 말만 많이 하고, 삶 속에서 일어나는 일들에서는 하나님과 관계가 멀었다. 종교적인 삶에는 말과 정죄가 무성하다. 그들은 많은 율법들을 따랐지만, 또 자신들이 만든 수많은 규칙들로 율법을 지키지 못할 때 빠져나갈 구멍도 만들어놓고 신앙생활을 했다. 그러면서 자기들 기준에 따라 다른 사람을 판단하고 정죄했다. 이런 것을 예수님이 가장 싫어하셨다.

말로 하나님을 따르다 보니 정죄가 무성하다. 삶으로 살면 정죄할 수 없다. 그 거룩한 삶의 모습이 얼마나 어려운지를 알기 때문이다.

정죄는 말씀을 삶으로 살아본 자의 입술에서
뱉어지는 언어가 아니다.
해보면 안다.
살아보면 안다.
내가 제일 안 된다는 것을….

진실되게 하나님을 붙잡지 않는 것, 하나님의 마음을 붙잡지 않는 것을 하나님은 기뻐하지 않으신다. 본질을 붙잡지 않는 것, 겉모습만 반지르르한 종교적인 삶을 하나님은 분명히 심판하신다고 하셨다.

삶을 전투적으로 사는 사람에게는 맹세가 필요없다. 우리는 산 제사로 하나님께 드려져야 한다. 우리가 드리는 제사는 우리의 삶이어야 한다. 말이나 생각으로 하는 것이 우리의 삶으로 이행되고 있는지, 점검해봐야 한다.

목표를 바로 세우라

하나님께서 원하시는 삶은 말이나 생각으로 하나님을 따르는 것이 아닌, 주님이 원하시는 삶을 사는 것이다. 우리는 하나님 앞에 드려지는 산 제사로 살아야 한다. 그래서 이 땅의 윤리와 도덕은 우리의 목표가 아니다. 그것은 기본이다.

우리의 목표는 거룩이다.
거룩은 전투다.

우리의 삶의 목표는 거룩이다. 구별된 삶을 살아야 한다. 그래서 때로는 세상과 충돌하고, 때로는 세상에 저항해야 하지만, 이 땅에서 구별된 삶을 사는 것이 우리의 목표여야지, 이 땅의 모든 사람들이 따르는 도덕과 윤리가 우리의 목표가 되면 안 된다. 구별된 자로 거룩한 삶을 살아야 한다.

우리가 이 땅에서 도덕적인 삶을 산다고 크리스천으로 사는 게 아니다. 좀 더 윤리적으로 산다고 크리스천으로 사는 게 아니다. 하나님 앞에 드려지는 살아 있는 산 제사가 되어야 한다. 우리가 그 예배가 되어야 한다.

우리는 내 생각에 '이 정도면 됐다' 싶은 부분을 드리면서 헌신한다고 생각한다. '하나님, 제가 이 부분을 드립니다'라면서 삶의 한 부분을 드리는 것으로 만족한다. 하지만 주님이 원하시는 것은 우리의 삶이 통째로 산 제사가 되는 것이다. 그것이 우리의 목표여야 한다. 산 제사가 되라는 것은 하나님의 요구이며, 협상 불가능한 것이다.

그래서 예수님은 맹세를 하지 말라고 말씀하신다. 입으로 맹세하지 말고, 네가 지금 말하고 있는 것, 네가 행하고자 하는 것을 삶으로 드러내라는 것이다.

맹세는 신과 하는 약속이다. 하나님과 하는 약속이란 말이다. 우리는 그 약속을 지켜낼 수 없는, 약한 인생들이다. 그럼에도 "내가 맹세한다"라고 입에 담는 것은, 나의 어떠함을 스스로 증명하기 위함일 때가 많다. 맹세는 사람에게 보이기 위한 행동이다. 내가 이런 사람이라고 알리는 것이다. 하나님은 그런 식으로 사람에게 보이는 것을 싫어하신다.

삶으로 보여주는 것,

삶으로 증명하는 것,

삶이 산 제사가 되는 것.

신앙이라는 이름으로 자신의 옳음을 증명해서 상대방을 압제하고 통제하는 것은 선이 아니고 악이다. 신앙은 나의 옳음을 증명하는 게 아니다. 신앙이란 이름으로 누군가를 압제하고 통제하는 것이 아니다. 하나님의 통제를 받는 것, 하나님의 통치를 받는 것이 신앙이다. 하나님의 만지심을 붙잡는 것이다. 하나님 앞에서 살아가는 것이다.

거룩한 삶을 위한 사투

우리는 우리의 삶에 조금 더 엄격해져야 한다. 하나님은 물론 우리를 긍휼과 은혜로 바라보신다. 하지만 내가 하나님을 따를 때는 엄격과 거룩의 두 기둥을 붙잡아야 한다. 그런데 이것이 거꾸로 되어서 내가 하나님을 따를 때 긍휼과 은혜만 붙잡는다. 맨날 나의 연약함을 긍휼과 은혜로 손쉽게 덮으려고 한다. '하나님, 제가 연약해서 어쩔 수 없이 죄를 지었어요. 절 긍휼히 여겨주실 거지요?' 하면서 주님의 긍휼과 은혜에 기대어 너무 쉽게 신앙생활을 한다.

그러나 우리가 목표를 너무 엄격하지 않게 잡는 것, 그리고 나에게는 엄격하지 않고 유연하면서 남에게는 엄격한 것은 바리새인과 같은 종교인의 모습이다. 하나님은 우리가 거룩한 삶을 살기를 바라신다. 거룩한 삶을 위해 날마다 사투하며 거룩한 몸부림으로 나아가야 한다.

말만 한다고 우리가 그러한 삶을 사는 게 아니다. 예배만 드린다고 하나님이 원하시는 거룩한 삶을 사는 것도 아니다. 실제 우리 삶 속에서 거룩한 사투가 없이는 하나님이 원하시는 산 제사로 드려지는 삶을 살 수가 없다. 사실 쉽진 않다. 너무 너무 어렵다.

언젠가 어느 유명한 교회에 다니는 한 장로님을 만났는데, 이분이 누가 묻지도 않았는데 자기 교회에 문제가 많다고 막 토로하셨다. 그래서 내가 "근데 왜 계속 다니세요?"라고 물어봤다. 그러자 그 장로님이 너무 놀라운 얘기를 하셨다.

"내 나이에 다른 데 가면 장로님이라고 인사나 받겠습니까? 여기 있으면 그래도 사람들이 와서 '장로님, 장로님' 합니다."

그 얘기를 듣고 정말 충격을 받았다. 그런 이유로 문제 있는 교회를 계속 다니는 것도 놀라웠고, 또 그렇게 생각하면 그냥 다니면 되지 문제 제기는 왜 하는가 싶었다. 본질을 분별하지 못하고 본질에서 벗어나다 보니까 벌어지는 안타까운 일이다. 본질에서 벗어난 모든 것은 우리의 영을 죽이는 것이다.

우리의 목표는 세상과 달라야 한다. 우리의 목표는 거룩이다. 세상과 충돌할지라도 구별되는 것, 세상의 정을 맞을지라도 구별되는 것. 구별되지 않으면 우리의 신앙은 가짜다. 종교인과 신앙인의 구별은 종이 한 장 차이다. 우리의 중심에서 내가 어떤 선택을 하는지, 내가 정말로 하나님을 향한 거룩한 산 제사가 되기를 원하는지를 진술하게 돌아보라. 이 본질을 놓치는 순간, 우리도 신앙인이 아닌 종교인으로 전락하고 만다. 하나님은 속일 수 없다.

아닌 것은 아니다. 맞는 것은 진리다. 야고보서 5장 12절 말씀처럼 생각하는 대로 말할 수 있는 사람이 되어야 한다. 그 생각이 말씀 위에 있을 때 말이다.

그리스도를 존귀하게 해드리는 삶

나의 간절한 기대와 소망을 따라 아무 일에든지 부끄러워하지 아니하고 지금도 전과 같이 온전히 담대하여 살든지 죽든지 내 몸에서 그리스도가 존귀하게 되게 하려 하나니 이는 내게 사는

것이 그리스도니 죽는 것도 유익함이라 빌 1:20,21

사도 바울의 이 고백을 우리 삶에도 꼭 적용해야 한다.
"내 몸에서 그리스도가 존귀하게 되게 하려 하나니!"
당신의 인생에서 그리스도께서 존귀하신가? 당신의 인생이
입으로 맹세하며 '내가 이렇게 믿는다, 저렇게 믿는다' 말만 앞
서는 종교인의 모습으로 사는 것이 아니라 삶의 모든 선택이
그리스도를 존귀하게 하고 있는가? 우리의 갈급함으로 그리스
도를 존귀하게 하는 것, 우리의 소망이 그리스도를 존귀한 하
나님으로 이 땅에 선포하는 것, 그것이 우리에게 요구하시는
하나님의 명령이자 신앙의 모습이다.

나는 여호와이니 이는 내 이름이라 나는 내 영광을 다른 자에게,
내 찬송을 우상에게 주지 아니하리라 사 42:8

여호와의 이름을 망령되이 일컫는 것은 하나님의 이름으로
맹세하는 것, 하나님의 이름을 아무 데나 얹는 것, 하나님의 이
름을 내 주장에 끼워 넣는 것이다. 신앙은 하나님의 이름을 높
이는 것이다. 하나님의 이름을 이 땅에 선포하는 것이다. 하나
님의 이름을 존귀하게 하는 것이다. 우리의 삶이 산 제사가 되

어 일어나는, 그 구체적인 삶의 모습을 하나님은 우리에게 요구하신다.

우리는 바리새인처럼 살 수 없다. 우리는 종교인이 될 수 없다. 우리는 신앙을 가지고 사는, 신앙 공동체다. 소그룹으로 만날 때, "그냥 나는 연약해서 이렇게 됐어", "그래, 너도 연약해서 이렇게 됐지", "우리 다 약해서 괜찮아. 하나님이 괜찮다고 하실 거야"라고 위안하며 넘어가지 말자. 엄격하게 자신을 보고, 거룩한 대화를 나누며, 서로가 서로에게 도전하고, 정말 주님을 붙잡고 살아가자고 외치고, 뉘우치고, 돌이키는 공동체가 되어야 한다.

연약함을 핑계로 나의 죄를 덮지 말고,
은혜와 사랑이란 단어로 나의 죄를 덮지 말자.

은혜와 사랑은 하나님이 하시는 것이다. 우리를 덮는 것은 하나님이 덮어주시는 것이다. 하나님의 영역이다. 그런데 우리는 미리 '우리의 연약함을 하나님이 덮어주실 거예요'라면서 하나님의 영역을 침범한다.

산상수훈 말씀은 예수님이 직접 하신 설교이기 때문에, 그 강도가 세다. 하나님이 요구하시는 것들이기 때문에 셀 수밖에 없다. 우리 이 말씀을 꼭 명심하여 산 제사가 되는 삶을 살자. 말로 하는 종교인에서 벗어나 본질을 붙잡자. 본질을 붙잡지 않으면 영이 죽는다. 그러니 깨어 있어서 하나님 앞에 나아가고, 자신의 공동체를 위해 기도하라. 항상 깨어 있게 해달라고. 정말 하나님이 원하시는 예배가 계속해서 이뤄지게 해달라고.

은혜와 긍휼은 예수님의 몫

미쁘다 모든 사람이 받을 만한 이 말이여 그리스도 예수께서 죄인을 구원하시려고 세상에 임하셨다 하였도다 죄인 중에 내가 괴수니라 그러나 내가 긍휼을 입은 까닭은 예수 그리스도께서 내게 먼저 일체 오래 참으심을 보이사 후에 주를 믿어 영생 얻는 자들에게 본이 되게 하려 하심이라 딤전 1:15,16

디모데전후서는 사도 바울이 가장 마지막에 쓴 편지인데, 여기서 그가 뭐라고 고백하는가? 자신을 '죄인 중에 괴수'라고 한다. 사도 바울은 사도가 된 후에도 계속해서 더 성숙해지고 성장했다. 그래서 자신을 '괴수'라고 표현하는 것이다. 그러면서 자신이 긍휼을 입은 까닭이 '예수께서 먼저 보여주신 일체의 오래 참음의 사랑' 때문이라고 한다. 예수님이 우리를 그렇게 긍휼과 은혜로 받아주시는 것이다.

그런데 그렇다고 우리가 예수님에게 '오래 참아달라, 봐달라, 예수님 오래 참으셔야 합니다'라고 요청할 수 있는가? 그건 아니다. 이 오래 참음은 예수님이 우리에게 먼저 주신 것이다. 우리는 예수님의 말씀에 순종하여 거룩하게 구별되는 삶으로 나아가야 한다. 하나님의 말씀에 그대로 순종하여 그 말씀이 우리의 삶에 능력으로 나타나기를 바란다.

내가 아들 둘을 키우면서, 아이들이 어릴 때 한 가지 규칙이 있었는데, 그것은 두 번까지는 봐주지만 같은 내용으로 세 번 경고를 받으면 혼나는 것이었다. 하루는 어떤 일로 아이들이 두 번째 경고를 받게 되었는데, 그날 내가 아주 크게 혼을 냈었다. 그러자 아이들 둘이 다 내게 항의를 했다.

"아빠, 이번은 두 번째입니다. 이번은 경고여야지, 왜 혼내나요? 혼내면 안 되는 거예요."

잘못을 해서 혼나는 입장에서 할 수 있는 말인가? 두 번이나 잘못을 봐주고 경고로 넘어간 건 아빠인 내게 속한 문제이고, 아빠가 베푸는 용서요 은혜다. 그런데 자신들이 잘못했으면서 '아빠 이건 부당해요'라고 하는 건 웃기는 일 아닌가?

그런데 이게 우리가 하나님께 하고 있는 일이다. 잘 생각해보라.

'하나님, 어떻게 저한테 이러세요? 이것은 참아주셔야죠. 용서해주셔야죠. 넘어가주셔야죠.'

이런 말도 안 되는 일을 우리가 날마다 하고 있다. 우리는 잘못했으면서 하나님이 주실 은혜를 우리가 먼저 말해버린다.

'하나님, 저 이거 잘못했어요. 용서해주실 거죠?'

이러지 말자는 것이다. 우리는 거룩한 산 제사가 되는 삶을 위해 애써 나아가야 한다.

그래서 우리는 함부로 혀를 놀릴 수 없다. 그리고 우리가 하나님 앞에 드리는 약속과 행위를 따로 생각할 수 없다. 악한 행위에서 벗어나야 한다. 악함에서 벗어나야 한다. 주님이 원하시는 것을 붙잡고 살아가야 한다. 거룩한 산 제사의 모습이 구체적으로 드러나야 한다. 그리스도를 존귀하게 하는 삶의 모습이 일상의 삶에서 매일 매일 등장해야 한다는 것이다. 그런 부담을 가지고 신앙생활을 해야 한다.

모든 것을 아시는 하나님의 평가를 준비하자

여호와여 주께서 나를 살펴보셨으므로 나를 아시나이다 주께서 내가 앉고 일어섬을 아시고 멀리서도 나의 생각을 밝히 아시오며 나의 모든 길과 내가 눕는 것을 살펴보셨으므로 나의 모든 행위를 익히 아시오니 여호와여 내 혀의 말을 알지 못하시는 것이 하나도 없으시니이다 시 139:1-4

하나님은 다 아신다. 우리가 앉고 일어서는 것도 아시고, 나의 생각도 다 아신다. 그러니 모든 것을 다 아시는 하나님의 평가를 받을 준비를 하라. 나의 평가는 중요하지 않다. 주변 사람들의 평가도 온전치 않다. 선한 척하지 말고, 중심을 보시는 하나님의 평가를 준비하라.

거룩함에 목표를 두고 구별되어
하나님의 말씀에 구체적으로 순종하라.
하나님이 우리를 평가하실 것이다.

하나님의 기준에 맞는 삶을 살아가고, 거룩함을 위해 몸부림 치고, 하나님께서 진정 원하시는 것이 무엇인가를 고민하고, 본질에 붙잡힘 당하여 온전한 예배를 드리고, 그 예배에서 받은 말씀으로 하루하루를 살자. 그렇게 살다가 하나님 앞에 서면 하나님이 평가하실 것이다.

내가 하나님 앞에 서는 날, 하나님께서는 나를 '네가 목사로서 참 수고했다'라고 평가하지 않으실 것이다. 나의 직분보다 내가 진짜였는지, 가짜였는지, 내가 진심으로 했는지, 하는 척 했는지, 하나님을 진심으로 사랑했는지를 평가하실 것이다.

하나님은 우리를 직분으로 평가하지 않으신다. '네가 진짜였냐?' 이것으로 판가름하실 것이다. 하나님의 평가는 '넌 착하고 충성되었어. 넌 진심이었어. 이제 나와 함께 낙원에 있자' 아니면 '넌 많은 사람들을 속였어. 하지만 난 안 속아' 이 둘 중에 하나일 것이다.

우리의 기준이 이 땅의 도덕이나 윤리라면 하나님의 기준에 맞을 수가 없다. 우리가 우리의 삶을 유연하게 바라보면 거룩한 삶을 살아갈 수가 없다. 엄격한 거룩을 기준으로 삼는 것이 하나님의 기준으로 하나님께 나아가는 것이다.

선한 척하지 말고 하나님의 사람이 되라.

거룩한 척하지 말고 거룩한 산 제사가 되라.

예배드리는 척하지 말고 임재 예배가 되라.

우리의 삶이 진짜가 되기를, 그래서 우리의 삶으로 하나님을 존귀하게 해드리기를 바란다. 지금은 하나님이 우리에게 기회를 주시지만, 우리가 하나님 앞에 선 후에는 더 이상 기회가 없다. 서로 속고 속이다 죽고 나면 끝이다. 그때는 기회가 없으니, 지금 기준을 바로 세우고 목표를 바로 세워서 아무리 포장하고 화장해도 썩은 냄새가 나는 인생이 아니라 하나님 앞에 향기로운 산 제사로 살자. 그렇게 살다가 죽자. 그렇게 살다가 하나님 앞에 서자.

우리는 한 치 앞을 못 보지만, 살다 보면 이런 일 저런 일 많지만, 분명한 것은 그날이 다가오고 있다는 것이다. 사람 앞에서 말로 맹세하여 사람을 속이지 말고, 결코 속지 않으시는 하나님의 기준으로, 거룩함으로, 엄격함으로 나아가자. 그렇게 나아갈 때 하나님이 은혜와 긍휼로 우리를 붙잡아주실 것이다.

38 또 눈은 눈으로, 이는 이로 갚으라 하였다는 것을 너희가 들었으나 39 나는 너희에게 이르노니 악한 자를 대적하지 말라 누구든지 네 오른편 뺨을 치거든 왼편도 돌려 대며 … 43 또 네 이웃을 사랑하고 네 원수를 미워하라 하였다는 것을 너희가 들었으나 44 나는 너희에게 이르노니 너희 원수를 사랑하며 너희를 박해하는 자를 위하여 기도하라 … 48 그러므로 하늘에 계신 너희 아버지의 온전하심과 같이 너희도 온전하라 마 5:38-48

chapter 6

하나님의 아들로 살라

원수를 사랑하는 것이 가능할까?

하나님이 우리에게 주신 말씀을 두고 사탄은 우리를 늘 공격한다.

'넌 그렇게 할 수 없을 거야. 네가 얼마나 악한데. 네가 얼마나 큰 죄인인데, 넌 그렇게 할 수 없어.'

또 때로는 달콤한 유혹을 하기도 한다.

'하나님이 너를 아시니 하나님도 이해하실 거야. 이 정도 참았으면 하나님도 이해해주실 거야.'

그러나 우리는 그 헛된 공격과 유혹에 넘어가지 말고, 하나님의 말씀을 붙들고 그 말씀에 순종하여 열매를 맺어야 한다.

먹거리 골목 같은 곳에 가보면, '원조'라는 글씨가 쓰인 식당들이 쭉 늘어서 있다. 이상한 것은 분명 원조 식당은 하나일 텐데, 식당마다 다 '원조'라고 써 붙여놓았다는 것이다. 옛날부터 거기서 살았던 사람 아니고서는 어디가 진짜 원조인지 알 수가 없다.

사랑의 원조는 하나님이시다. 성경은 "하나님은 사랑이시라"(요일 4:16)라고 했다. 하나님이 사랑의 원조이시다. 하나님 사랑의 놀라운 역사와 표현은 원수를 향한 사랑에 있다. 원수를 향한 사랑을 주님은 십자가로 표현하셨다. 예수님은 십자가를 지심으로 그들을 살리셨다.

본문에서 주님은 우리에게도 "원수를 사랑하라"라고 말씀하셨지만, 사실 이 사랑은 인간의 힘으로 되는 것이 아니다. 우리의 노력으로 되는 게 아니다. 우리가 죽고 주님이 살아 계셔야한다. 성령으로 충만해야 한다.

성령 충만할 때 하나님의 성품을 닮아간다

성령 충만하다는 것이 꼭 방언을 하고, 영적인 은사를 누리는 것을 뜻하지 않는다. 그런 것이 성령 충만의 한 부분에서 나타나는 것이지만, 성령 충만의 가장 핵심은 나는 죽고 주님이 살아 계시는 것이다. 하나님의 말씀으로 충만한 것이다. 하나님 중심으로 충만한 것이다. 외적으로 보여지는 것은 그렇게 중요한 것이 아니다.

우리가 하나님의 말씀으로 충만한 것, 그리고 하나님으로 충만한 것이 중요한데, 하나님이 우리에게 원하시는 것들 중에 가장 핵심적인 것이 하나님의 인격과 성품을 닮아가는 것이다. 하나님으로 충만한 이들이 하나님의 인품을 구체적으로 닮아가기를 하나님은 원하고 계신다.

그래서 하나님은 우리에게 사랑으로 살기를 바라셨다. 하나님은 사랑이시기에 악으로 해결하는 것보다 사랑을 붙잡기를 원하셨다. 하나님의 임재와 하나님의 살아 계심이 우리의 삶 속에 사랑으로 구체적으로 나타나기를 원하셨다.

악을 악으로 갚지 않는 것

예수님은 본문에서 우리에게 어려운 부분을 터치하신다. 그 당시 구약의 모세오경은 이스라엘 백성에게 있어서 단지 영적인 삶만을 이끄는 옛 율법이 아니었다. 그 당시의 살아 있는 법이었다. 일상생활의 모든 문제를 해결하는 법의 틀이 모세오경이었다.

그런 구약의 가장 기본적인 법의 골조는, '눈은 눈으로, 이는 이로 갚으라'는 것이었다. 즉, 손해를 입히면 손해를 갚고, 상해를 입히면 같이 상해를 입히는, 그런 해결책이 있었다.

그런데 예수님은 뭐라고 말씀하시는가?

'그렇게 하지 마라. 오른쪽 뺨을 때리면 왼쪽 뺨을 내줘라. 악한 자를 대적하지 말고 참아라. 인내하라.'

지금 예수님은 새로운 계명을 말씀하시는데, 그것이 사랑이었다. 이웃을 사랑하고 하나님을 사랑하고 그리고 원수를 사랑하라고 말씀하시니까, 듣던 이스라엘 사람들이 어떻게 받아들였겠는가? 사실 오늘날 이 말씀을 듣는 우리에게도 너무너무 어려운 말씀이다. 그럼에도 불구하고 우리가 말씀으로 충만하여, 하나님의 능력과 하나님의 임재로 이 말씀을 행할 수 있는 새로운 결단이 일어나기를 바란다.

가치관이 변해야 가능하다

로마서 5장 8절은 우리가 너무나 잘 아는 유명한 말씀이다.

우리가 아직 죄인 되었을 때에 그리스도께서 우리를 위하여 죽으

심으로 하나님께서 우리에 대한 자기의 사랑을 확증하셨느니라
롬 5:8

예수님은 그냥 말로 사랑을 하신 것이 아니라 구체적으로 십자가의 역사를 통해 우리에게 사랑을 보여주셨다. 누가복음에서 주님은 이런 말씀을 하셨다.

그러나 너희 듣는 자에게 내가 이르노니 너희 원수를 사랑하며 너희를 미워하는 자를 선대하며 너희를 저주하는 자를 위하여 축복하며 너희를 모욕하는 자를 위하여 기도하라 눅 6:27,28

여기에서 예수님이 굉장히 구체적으로 말씀하신다. '원수를 사랑해라. 너희를 미워하는 자에게 잘해주어라. 너희를 저주하는 자를 축복해라. 너희를 모욕하는 자를 위해 기도해줘라'라고 하시는데, 이 말씀은 단순히 우리를 싫어하는 사람과 매일 커피 같이 마시고 친하게 잘 지내란 말이 아니다. 이 말씀을 지키기 위해서 우린 하나님 앞에서 분명한 결단을 해야 한다.
"하나님 중심, 가치관의 변화."
이것은 나의 목회 철학이기도 한데, 이것을 붙잡아야 한다. 하나님 중심으로 사는 것, 우리의 가치가 변하는 것. 이 변화

가 없이는 이 말씀대로 살기가 어렵다.

오른뺨을 맞으면 왼뺨을 내주라고 하셨는데, 어떻게 그럴 수 있는가? 오른뺨을 맞으면 내가 맞은 것보다 더 세게 더 많이 때리지 어디 왼뺨을 내밀겠나? 하나님 중심으로 살지 않으면 불가능하다.

그리고 직접 복수하지 말고 하나님께 맡기라고 하신다. 하나님이 대신 갚아주신다고 하신다. 그런데도 우리가 못 맡기는 이유가 있다. 하나님이 그 사람을 그냥 놔두시기 때문이다. 하나님께 맡겼으면 하나님이 손 봐주시면 좋겠는데, 그러면 일이 생길 때마다 하나님께 맡길 수 있을 텐데, 하나님은 너무 가만히 계신다. 우리는 가만히 계신 하나님께 화가 나서 더 하나님께 못 맡긴다.

적극적으로 하나님을 바라보라

한번 가만히 생각해보라. 하나님이 가만히 계신 것이 화가 날 때 나의 상태는 대체로 은혜가 떨어져 있을 때다. 내가 성령 충만하고 은혜와 말씀으로 충만할 때는 나 같은 죄인이 없다. 나 같은 죄인을 오래 기다려주시고 살려주신 하나님이 너무나도 감사할 따름이다. 그러다 은혜가 떨어지면 '어떻게 저런 인간을 가만히 두실까'에만 초점이 간다.

그래서 하나님이 '원수를 사랑하라, 이 일은 그냥 넘어가라, 너는 선한 일을 도모해야지, 아무리 정당한 일이라 해도 네가 갚으려고 하지 마, 가만히 있어, 인내해'라고 하시는 것은 하나님께서 다시 한번 우리에게 이렇게 말씀하시는 것이다.

'너는 나를 봐라. 다른 것 보지 마. 상황 보지 마. 사람 보지 마. 네 마음이 어디를 향하고 있니? 네 생각이 지금 어디를 향하고 있니? 나를 봐야지, 네 상황을 보고 네 억울함만 보면 넌 이것을 헤쳐 나올 수 없어. 나를 바라봐.'

신앙은 적극적으로 하나님을 바라보는 것이다. 구체적으로 하나님을 바라봐야 한다. 이 적극성과 구체성을 잊으면 안 된다. 적극적으로 하나님을 붙잡고, 구체적으로 하나님의 말씀을 붙잡아 그 말씀대로 살아가야 한다. 그래야 우리가 이 용서를 행할 수 있고, 관계적인 부분에서 나에게 악하게 행한 자들과 똑같이 행하지 않을 수 있다.

악을 도모하지 말고 인내하라.
하나님을 바라보라.
신앙은 하나님을 바라보는 것이다.

신앙은 하나님을 붙잡는 것이다.
하나님을 적극적으로 바라보고,
구체적으로 붙잡으라.

아무리 분노가 일어나도 그렇게 안 하는 것이다. 아무리 화가 나도 그렇게 안 하는 것이다. 그 사람이 정당하지 않을지라도 우리는 하나님을 바라보는 것이다. 그래서 이 땅의 사람들은 이해하지 못할지라도 인내하는 것이다. 하나님의 자녀는 하나님의 인격과 하나님의 성품을 이 땅에 선포하는 자들이다. 하나님의 성품을 선포하는 것은 하나님께서 우리에게 하신 대로 하는 것이다.

악에 분노하라. 원수는 악이다. 사람이 분노의 대상이 아니다.

악인을 기다리시는 은혜로 나도 살았다

우리는 종종 이런 생각을 한다.
'하나님이 왜 저런 사람을 가만히 두실까?'
하지만 그 사람을 향하여 은혜로 기다리시고 인내하시는 하나님이시기 때문에 나를 살려주신 것이다. 그에게 지금 보이시는 것과 같은 인내와 용서와 은혜로 나를 살리셨기에, 오늘 내가 하나님 앞에 예배자로 설 수 있게 된 것이다.

은혜가 조금이라도 떨어지면 하나님을 바라보기 어려운 연약한 우리는, 사탄에게 감정적인 공격을 많이 받는다. 사탄은 우리를 불안하게도 만들고, 두렵게도 만들고, 슬프게도 만들고, 억울하게도 만든다. 작은 틈을 파집고 들어와서 마음을 흔들 때가 있다. 또 상황적으로 공격할 때도 있다. 그럴 때 우리는 하나님을 바라봐야 한다. 하나님의 가치를 붙잡고, 세상의 가치에 흔들리지 않아야 한다.

사탄이 틈을 타 이런 감정과 생각들이 들 때, 우리는 그런 감정과 생각을 차단할 수는 없지만, 재빨리 하나님께 집중해야 한다. 신앙의 흔들림이 올 때 재빨리 하나님을 바라봐야 한다. 그렇지 않으면 그 감정과 생각에 끌려다니게 된다. 하나님을 붙잡고, 목자 되신 하나님의 인도하심으로 승리하는 우리 모두가 되길 바란다.

하나님을 바라보지 않으면
감정에 끌려다닐 수밖에 없다.
그러니 자신의 감정을 신뢰하지 마라!

선으로 악을 이기라

나를 때리는 자들에게 내 등을 맡기며 나의 수염을 뽑는 자들에게 나의 뺨을 맡기며 모욕과 침 뱉음을 당하여도 내 얼굴을 가리지 아니하였느니라 사 50:6

이 말씀은 예수님에 대한 말씀이다. 예수님이 이렇게 당하실 것이라는 예언이다. 예수님이 '나는 그렇게 당할 거야. 나는 그렇게 해서 너희를 살릴 거야. 난 너희를 사랑해'라고 말씀하시는 것이다.

그러면 우리는 이 땅에서 어떻게 살아야 하겠는가? 하나님의 방법으로 하나님께서 원하시는 삶을 살아야 한다. 나의 삶을 통해서 하나님의 성품을 이 땅에 선포해야 한다.

그것은 선으로 악을 이기는 것이다. 원수를 용서하는 것이다. 내 손으로 해결하지 않는 것이다. 참는 것이다. 하나님의 뜻대로 그것을 붙잡는 것이다.

이렇게 살기 위해선, 앞에서도 얘기했지만 우리의 가치관이 변해야 한다. 천국에 쌓이는 것이 우리에게 가치 있어야 한다.

'내가 용서할 때 천국에 쌓인다. 오른뺨 맞고 왼뺨 내밀면 천국에 쌓인다. 오른뺨 맞고 내 손으로 해결하면 천국에 쌓이지

않는다.'

이것을 알고 천국에 쌓이는 것을 가치 있게 여겨야 이렇게 살 수 있는 것이다.

가끔 후배 목사들이 찾아와 목회의 어려움을 토로하며 상담을 할 때가 있다. 그럴 때면 나는 이런 조언을 해준다.

"100번을 때리면 100번을 다 맞아라. 99번 맞고 1번 때리면 그것은 쌍방 싸움이 된다."

이런 얘기를 해주면 썩 좋아하진 않는 것 같다. 또 목회자 대상으로 강의를 할 때 이런 제목의 강의를 한 적도 있다.

"핑크빛에서 잿빛으로."

요즘 개척이 어렵다, 개척이 안 된다는 얘기를 많이 하는데, 이 강의에서 내가 전한 메시지의 요지는 이것이다.

"핑크빛을 꿈꾸니까 어렵지, 개척이 왜 어렵다고 생각하는가? 왜 개척이 안 된다고 하는가? 개척이 안 되는 시대가 어디 있는가? 우리가 세상의 기준으로 생각하니까 어렵고 안 되는 것이다. 잿빛을 꿈꿔라. 50명, 100명 금세 성도가 늘 것이라는 핑크빛을 꿈꾸니 개척이 안 되는 것이다. 그러나 한 영혼을 품고 한 영혼을 위해 목숨을 걸고 한 영혼이 돌아오는 것에 가치를 둔다면, 개척이 실패할 수가 없다."

이 땅에서의 통쾌함은 한 대 맞으면 상대방을 완전히 무너뜨리는 것이다. 영화를 보면, 종종 이런 장면이 있다. 누군가 납치됐다 하면 싸움 잘하는 주인공이 범인의 사촌의 팔촌까지 다 없애버린다. 그러면 사람들이 환호한다. 그러나 하나님은 그렇게 하지 말라고 하시는 것이다.

통쾌함은 누군가를 변화시킬 수 없다.
통쾌함은 환호를 불러오지만 변화를 가져오진 못한다.

우리는 우리의 할 일을 하자

아무에게도 악을 악으로 갚지 말고 모든 사람 앞에서 선한 일을 도모하라 할 수 있거든 너희로서는 모든 사람과 더불어 화목하라 내 사랑하는 자들아 너희가 친히 원수를 갚지 말고 하나님의 진노하심에 맡기라 기록되었으되 원수 갚는 것이 내게 있으니 내가 갚으리라고 주께서 말씀하시니라 네 원수가 주리거든 먹이고 목마르거든 마시게 하라 그리함으로 네가 숯불을 그 머리에 쌓아 놓으리라 악에게 지지 말고 선으로 악을 이기라 롬 12:17-21

주님은 "내가 갚으리라"라고 말씀하시며, 우리에게 "너희로

서는 모든 사람과 더불어 화목하라"라고 하신다. 원수를 먹이고 마시게 하여 숯불을 그 머리에 쌓아놓으라고 하신다. 천국의 계산법으로 하라는 말씀이다.

천국을 바라봐야 한다. 천국의 계산법은, 하나님께 하듯 하는 것이다. 절대로 내 손으로 해결하는 것이 아니라 하나님께 집중하는 것이다. 그리하여 선으로 악을 이기는 것이다. 우리가 억울할 때, 욕을 먹을 때, 너무 고통스럽고 힘이 들 때 하나님께서 말씀하신다.

'나를 바라봐라. 다른 곳 보지 마라. 네 손으로 해결하지 마. 내가 갚아줄 거야.'

하나님을 바라보는 것이 신앙이다. 우리의 할 일은 최선을 다해 관계를 회복하고, 하나님께 맡기는 것이다.

악에게 지지 말고 선으로 악을 이기는 것,
이것이 천국의 계산법이다.
세상의 계산법으로 갚지 말라.
하나님을 바라보는 것에 집중하라.
심판의 시간과 방법은 하나님이 정하신다.

심판은 하나님의 때에 하나님이 하신다

심판의 시간은 분명히 찾아온다. 그리고 심판은 하나님이 하신다. 그것이 우리가 원하는 '오늘'이 아닐 수 있다. 만약 우리가 "하나님, 오늘 해결해주세요"라고 요청하면 '짜잔' 나타나서서 우리가 원하는 대로 해결해주신다면, 하나님은 하나님이 아니시고 종이다. 그러나 우리는 종을 따르는 것이 아니라 전지전능하신 하나님을 따르는 것이다.

심판은 하나님의 시간에 하나님이 하신다. 그것은 이 땅의 심판이 아니라 영원한 심판일 수도 있다. 그래서 성경은 우리에게 "너는 행악자들로 말미암아 분을 품지 말며 악인의 형통함을 부러워하지 말라"(잠 24:19)라고 하신다.

하나님은 우리 편이시다. 그러나 우리의 원수인 그 사람도 하나님은 기다리고 계신다. 그가 변화되길 기다리고 계신다. 그것을 기뻐하지 않는 것은 돌아온 탕자의 형과 같은 태도다.

탕자의 형은 동생이 돌아왔을 때 왜 기뻐하지 않았는가? 두 가지 이유가 있다. 첫째는 동생을 사랑하지 않았기 때문이다. 둘째는 아버지를 사랑하지 않았기 때문이다. 더 나아가 아버지와 함께 있는 시간을 귀하게 여기지 않았다. 큰아들은 아버지와 함께하는 시간을 '내가 노력하고 애썼던 굉장히 힘든 시간'이라고 생각했다.

　아버지와 함께했던 시간을 아버지께 집중할 수 있었던 귀한 시간이라고 생각했다면 얼마나 좋았을까? 하지만 그는 그렇게 평가하지 않았다. 그래서 돌아온 동생에게 잘해주는 아버지를 이해할 수 없었던 것이다.

　우리가 감정에 끌려다니는 가장 큰 이유는, 하나님을 바라보지 않았기 때문이다. 내가 하나님 앞에 집중하지 않았기 때문에, 하나님을 소중하게 붙잡지 않았기 때문이다. 하나님께 집중하라. 감정에 흔들리지 말라. 때로는 우리를 불안하게 하고, 짜증 나게 하고, 두렵게 하는 감정에 휘둘리지 말라. 그런 감정이 치고 들어올 때마다 하나님 앞에 더욱 집중하라. 기도하고, 하나님의 말씀을 붙잡으라.

화평을 이루는 자는 하나님의 아들이다

　예수님은 화평하게 하는 자는 하나님의 아들이라 일컬음을 받는다고 하셨다. 용서하고, 원수를 놓아주는 것이 하나님의 자녀의 성품이다. 하나님께서는 이 땅에 우리를 심으시고 하나님의 성품을 선포하게 하신다.

하나님의 마음을 선포하자.

하나님의 마음이 있는 곳에 우리의 마음이 있기를

하나님의 역사가 있는 곳에 우리의 헌신이 있기를

기도하며 하나님의 말씀을 붙잡자.

도스토옙스키는 《카라마조프가의 형제들》에서 "인류를 사랑하는 것은 쉽다. 하지만 옆에 있는 한 사람을 사랑하는 것은 어렵다"라고 얘기한다. 불특정 다수를 사랑하기는 쉬워도 곁에 있는 사람을 끌어안는 것은 어렵다.

우리가 하나님을 믿고 주님을 따르는 것은 기도하고, 말씀 보는 것만으로 이뤄지지 않는다. 우리 일상의 수많은 관계 속에서 우리를 어렵고 힘들게 하는 것들을 하나님의 손에 맡기는 것, 그리고 나를 힘들게 하고 나를 흔들어놓는 감정적인 요소를 대할 때마다 하나님을 더 바라보고 하나님 앞에 집중하는 것, 원수 때문에 우리의 신앙을 무너뜨리지 않는 것, 나의 분노 때문에 하나님의 자녀가 아닌 것처럼 행동하지 않는 것, 이런 구체적인 하나님의 성품들을 드러내는 것을 포함한다.

어렵다. 하지만 불가능하지 않다. 주님이 왜 성령 충만함을 받으라고 하셨을까? 왜 우리가 예수로 충만한 인생을 살아야 할까? 성령 충만할 때 이것들이 가능하기 때문이다. 예수로 충만할 때 예수님의 성품을 선포할 수 있기 때문이다.

우리가 성령 충만을 위해 기도해야 하는 것은 하나님의 자녀로서 예수님의 성품을 이 땅에 선포하기 위함이다. 이 하나님의 말씀에 구체적이고 적극적으로 반응하는 우리가 되기를, 그래서 이 세상에서 예수님의 성품을 선포하는 아름다운 크리스천들이 되기를 바란다.

영적
삶을 위한
무장의 시간

PART
3

5 또 너희는 기도할 때에 외식하는 자와 같이 하지 말라 그들은 사람에게 보이려고 회당과 큰 거리 어귀에 서서 기도하기를 좋아하느니라 내가 진실로 너희에게 이르노니 그들은 자기 상을 이미 받았느니라 6 너는 기도할 때에 네 골방에 들어가 문을 닫고 은밀한 중에 계신 네 아버지께 기도하라 은밀한 중에 보시는 네 아버지께서 갚으시리라 7 또 기도할 때에 이방인과 같이 중언부언하지 말라 그들은 말을 많이 하여야 들으실 줄 생각하느니라 8 그러므로 그들을 본받지 말라 구하기 전에 너희에게 있어야 할 것을 하나님 너희 아버지께서 아시느니라 마 6:5-8

chapter 7

골방에서 기도하라

기도는 하나님을 의지하는 것

나의 가치는 내가 따르는 분으로 정해진다. 우리의 가치는 누가 나를 따르냐가 아니라 내가 누구를 따르느냐, 내가 누구를 주인으로 섬기느냐에 따라서 정해진다는 것이다. 세상에서는 무엇을 소유했느냐로 그 가치가 매겨진다. 하지만 진정한 가치는 누구의 소유인가로 알 수 있다.

하늘의 것으로 사는 것,
하나님의 소유로 사는 것이 답이다.

기도는 하나님을 의지하고 하나님을 붙잡고 하나님 앞에 나아가는 것이다. 하나님을 의지하는 것이고, 하늘의 것으로 사는 것이다. 즉, 기도는 하나님을 주인으로 섬기고 있으며, 나의 가치가 어디에 있는지를 보여주는 지표가 된다.

그런데 기도만큼 오해가 많은 부분도 없는 것 같다. 기도는 신앙생활에서 가장 영적인 모습이다. 그래서 기도에 쓸데없는 부담을 갖기도 하고, 기도를 많이 한다는 사람이 하는 영적인 말에 괜히 위축되기도 한다. 하지만 '내가 기도를 했더니 이렇더라, 저렇더라' 하는 말들을 두려워할 필요가 없다. 하나님은 대체로 우리에게 직접 말씀하신다.

무엇보다 기도는 하나님의 말씀에 기초를 두어야 한다. 하나님의 말씀 안에 있는 기도만이 영적인 기도다. 하나님의 말씀 외에 사람의 생각이나 감정을 말하는 것은 매우 위험하다. 그런 것에 위축되지 말아야 한다.

기도 행위가 아닌 기도를 하라

기도는 하나님과의 일대일의 관계 속에서 일어나야 한다. 그래서 예수님은 골방에서 기도하라고 말씀하신다.

너는 기도할 때에 네 골방에 들어가 문을 닫고 은밀한 중에 계신

네 아버지께 기도하라 은밀한 중에 보시는 네 아버지께서 갚으
시리라 마 6:6

기도는 사람들 앞에서 하는 게 아니다. 사람들의 인정을 받
기 위해 하는 게 아니다. '와, 저 사람은 기도의 사람이구나. 저
사람은 기도의 능력이 있는 사람이구나'라는 사람의 평가를 받
기 위해 기도하는 게 아니다. 사람에게 보여주기 위한 기도는
최악이다.

사람 앞에 보이기 위한 기도는, 그 기도의 대상도 사람이다.
그러나 기도의 응답은 하나님께로부터 온다. 따라서 우리는
기도에 대해 너무 쓸데없는 가산점을 줄 필요가 없다. 기도 행
위 자체가 거룩한 게 아니다. 기도 자체가 거룩한 게 아니라 하
나님과 나누는 일대일의 깊은 관계가 거룩한 것이다.

그럼에도 많은 사람들이 기도 자체를 거룩하게 여긴다. 그래
서 거리에서, 사람들 앞에서 기도한다. 그러나 보여지는 기도
는 영적이지 않다. 또 며칠간 금식기도를 했다고 하면 정말 대
단하다고 추켜세워주는데, 금식기도 자체가 거룩한 것이 아니
라 금식기도를 통해 드려지는 하나님 앞에서의 순종과 하나님
에 대한 우리의 태도 변화가 중요한 것이다.

한번은 개인적으로 어느 집회에서 정말 크게 은혜를 받았던

적이 있다. 그래서 집회가 끝나고 강사님에게 찾아가서 연락처를 달라고 요청을 드렸다. 그러자 명함을 주셨는데, 그때 정말 크게 실망했다. 그날 예배 설교 주제는 '겸손하게, 나는 죽고 예수님만 사시게' 이런 내용이었는데, 명함을 봤더니 명함에 빨간 글씨로 '40일 금식 2회'라고 쓰여 있는 게 아닌가. 우리는 금식기도를 정말 대단하게 여기며 찬사를 보내지만, 그것이 자랑거리가 되면 그 기도는 하나님과의 관계가 아니라 행위로 끝나버린다.

우리가 하는 기도도 마찬가지다. 기도를 많이 한다. 그리고 그 기도 많이 한 것을 다른 사람에게 알린다. 그러면 그 기도는 이미 행위로 끝나버린다. 기도 자체가 거룩한 게 아니다. 특히 사람을 의식하며 사람 앞에서 하는 기도는 결코 영적이지 않다.

기도는 하나님과의 일대일의 관계 속에서 하는 게 중요한데, 그렇다면 우리가 예배나 집회로, 기도회로 모여서 기도하는 이유는 뭘까? 그것은 기도의 훈련이 필요하고, 그러한 기도 집회를 통해서 기도의 은사와 능력과 체험을 경험할 때, 우리의 개인 기도가 힘 있고 건강해지기 때문이다.

그렇게 우리의 개인 기도가 건강해지고 개인 기도를 통해 하나님과 개인의 관계가 뜨거워지면, 그것이 또 공동체 예배에 시너지를 일으킨다. 예배의 참석자 한 사람 한 사람이 하나님 앞에서 열심히 기도하며 하나님을 붙잡다가, 또 모여서 함께 예배하면 그 예배에 강력한 시너지가 일어난다는 것이다. 그래서 우리가 걸림돌이 되려면 기도 안 하면 되고, 하나님 앞에서 시너지가 되려면 기도해야 한다.

기도는 아빠와의 대화다

그러나 기도는 어려운 게 아니다. 꼭 무릎 꿇고 눈 감고 해야 하는 것도 아니다. 하나님은 우리에게 "쉬지 말고 기도하라"라고 하셨으니, 기도는 계속되는 하나님과의 대화다. 나에게 아들 둘이 있는데, 아들들과 대화를 나누는 것이 굉장히 힘들고, 시간을 정해야 하고, 아들이 아빠에게 와서 할 말을 바로 못 하고 어렵게 돌려서 말해야 한다면, 그것은 이미 아버지와 아들의 거리가 멀다는 뜻이다. 아들은 그냥 아빠에게 와서 말하면 된다. 우리도 어떤 양식이나 격식 없이 그냥 하나님 앞에서 기도하면 된다.

교회 처음 다니기 시작할 때, 기도에 대해 배우면서 경배로 시작하고, 회개하고, 감사하고, 그다음에 간구하라는 기도의 순서를 배운 사람들도 있을 텐데, 그런 순서도 그리 중요하지 않다. 기독교적인 단어를 사용하는 것도 중요한 문제가 아니다. 기도는 아빠와의 편안한 대화인 것이다.

그러니 중언부언할 수 없다. 일대일의 대화인데, 중언부언할 일이 뭐가 있는가? 예수님이 기도할 때 중언부언하지 말라는 것은, 중언부언의 기도는 주로 사람 앞에 드려지는 기도이기 때문이다. 사람 앞에서 화려하고 거룩한 단어들을 쓰는 기도가 거룩한 기도가 아니라, 하나님과의 살아 있는 관계 속에서 하나님 앞에 드려지는 기도만이 거룩한 기도이다.

그래서 가끔 우리 교회 성도들에게 이런 권면을 한다. 기도의 방석이라도 마련하라고. 따로 기도 골방을 마련하는 것이 쉽지 않을 수 있다. 그럴 때는 침대 발치에라도 기도할 수 있는 자리를 마련하여 그곳에서 드리는 기도가 하나님 앞에 드려지는 골방의 모습이 되게 하라는 말이다. 또 그 모습을 자녀들이 보면 큰 교훈이 된다.

우리에겐 하나님과 일대일의 관계로 시간을 보내는 장소가 필요하다. 그곳이 우리의 골방이다.

골방은 어둡고 힘든 곳이 아니라
아빠와 만나는 곳이다.

우리 아들 둘은 아빠에게 뭔가를 요구할 때 놀랍도록 미안해하지 않는다. 나는 그것이 매번 너무나 놀랍다. 그리고 고맙다고는 하는데, 그렇게까지 고마워하는 것같이 보이지는 않는다. 물론 마음이 없어서가 아니라 아빠가 편해서 그런 것임을 알고 있다. 친밀한 관계이기 때문에 편히 도움을 청하고, 편히 대화할 수 있는 것이다. 격식에 있어서 아들들은 아버지에게 그런 특권이 있는 것이다.

기도의 목적

또한 기도에서 중요한 것은, 예수님이 가르쳐주신 대로 해야 한다는 것이다. 예수님이 가르쳐주신 기도의 핵심은, 주님의 뜻이 이 땅에 임하는 것이다. 우리가 하나님께 어떤 문제의 해결을 위해 기도했을 때, 그 문제의 해결을 응답으로 받는 것은 하나님이 우리에게 주시는 은혜 중의 하나이지만, 그것이 기도의 궁극적인 목적은 아니다.

기도의 목적은 하나님의 뜻을 알게 되는 것,

하나님의 뜻대로 내가 변화되는 것.

그래서 우리가 기도할 때 '하나님, 제가 억울한 일을 당했어요. 제가 속상한 일이 있어요'라고 기도를 시작하지만, 기도의 은혜와 하나님의 임재와 만지심이 있으면 그 기도는 회개로 마무리된다. 하나님의 은혜가 있을 때 반드시 회개가 나타난다. 그래서 회개가 없는 기도는 없다.

하나님의 뜻대로 내가 변화되는 기도의 은혜 없이 내가 원하는 것을 일방적으로 하나님께 쏟아놓는 것은 온전한 기도가 아니다. 예수님은 하늘의 뜻을 구하라고 하셨다.

너희는 내 얼굴을 찾으라 하실 때에 내가 마음으로 주께 말하되 여호와여 내가 주의 얼굴을 찾으리이다 하였나이다 시 27:8

또한 기도는 하나님의 얼굴을 찾는 것이다. 하나님의 마음을 찾는 것이다. 기도는 하나님을 찾는 것이다. 그래서 기도는 널리 알리는 자랑거리가 아니라 하나님과의 일대일의 시간인 것이다.

기도는 능력으로 나의 변화가 일어나는 시간이다. 내 인생의 가치가 변화되는 시간이다. 하나님을 찬양하고 하나님을 붙잡는 시간이다. 나의 뜻을 알리는 시간이 아니라 하나님의 마음을 배우는 시간이다. 하나님의 뜻을 알아가는 시간이다. 그렇기에 하나님의 말씀에 기초되지 않는 기도는 위험한 것이다. 하나님의 말씀 안에 있는 기도만이 영적인 기도다.

하나님의 말씀을 읽고, 말씀에 기초하여 기도하고, 기도함으로 하나님의 뜻을 배우고 또 하나님의 말씀을 읽는 그 선순환이 계속 이뤄져야 한다.

기도는 의무이자 특권이다

만약 운동 안 하던 사람이 어제 만 보를 걸었다고 하자. 그렇게 하루 걸었다고 그 사람이 건강해지지 않는다. 하지만 매일 걸으면 건강해진다. 마찬가지. 기도도 한 번 열심히 했다고 영적으로 되는 게 아니다. 모든 영적 근육은 매일매일의 기도의 골방에서 이루어진다. 골방에서의 기도가 멈추면 영적인 근육이 생기지 않는다.

이런 측면에서 기도는 의무이다. 그러나 동시에 기도는 하나님의 사람들의 특권이다. 하나님의 자녀만이 하나님께 그렇게 친밀하게 말할 수 있다. 그런 특권이 우리에게 있는 것이다. 그래서 우리가 기도하는 것이다.

그러나 기도를 하면 할수록, 기도가 깊어지면 깊어질수록 나의 인격과 나의 삶에 구체적인 변화가 있지, 남에게 요구하지 않는다. 그래서 기도했다면서 자꾸만 다른 사람에게 요구하는 것들이 많아지고 할 말이 많아지는 사람은 기도의 행위만 많은 사람이다.

균형이 중요하다

기도는 그 행위 자체보다 기도의 중심과 기도의 목적이 중요하다고 얘기했지만, 기도는 양과 질 둘 다 중요하다. 기도는 절대로 깊은 기도를 바로 할 수가 없다. 깊은 기도는 찬양과 말씀 읽기 같은 기도의 순서들을 통해 하나님 앞에 들어갈 때 열리게 되는데, 그 과정에는 시간이 필요하다. 절대로 기도 자리에 앉자마자 거룩한 광선이 비치는 일들은 일어나지 않는다.

골방의 시간이 늘고, 그 골방의 시간이 하나님 앞에서 정직해질수록 나의 평상시의 생각과 삶도 정직해지고 변화된다. 그래서 우리 삶에 나타나는 구체적인 변화가 없는 기도는 다 조심해야 한다.

신앙생활 할 때 기도의 양과 질, 둘 다 잘 올려서 하나님 앞에서 온전한 기도를 드려야 한다. 또한 말씀에 기초하지 않은 지나치게 영적인 표현들도 조심해야 한다. 많은 경우 그런 말들에 위축되는 사람들은 자신이 기도를 하지 않기 때문이다. 자신이 기도하고 있으면 그런 말을 들어도 하나님이 말씀하신 것이 아니기 때문에 위축되지 않는다. 어찌 보면, 그런 말들에 휘둘리는 것은 그 사람의 문제가 아니라 나의 문제다. 나의 삶에 골방의 부재가 있다는 것이다.

나는 미국에서 가장 보수적인 신학을 공부했다. 하지만 깊은 성령의 만지심을 통해 하나님의 부르심을 받았기 때문에 성령님의 임재와 행하심에 민감하려고 노력을 많이 한다. 우리는 성령님의 영적인 터치와 하나님의 말씀의 기초라는 이 둘 사이의 균형을 잘 맞춰야 한다.

성경에도 이 균형을 강조하는 가르침들이 있다. 우리는 기도의 은사를 사모한다. 성령의 은사를 사모한다. 그래서 방언을 갈급해하고 사랑한다. 그럼에도 불구하고 성경은, 이 은사들로 다른 사람을 어렵게 하지 말라고 했다. 그러니 은사들을 행함에 있어서 다른 사람들을 어렵게 하면 안 된다. 하지만 성령의 은사를 조금이라도 무시하면 안 되는 것이다.

우리가 체험하는 영적인 경험들은 다 장님이 코끼리 다리 만지는 것과 같다. 영적인 세계는 정말 넓다. 우리가 체험한 게 결코 전부가 아니다. 그저 우리는 하나님께 함께 찬양하고 예배드리고 있음을 인정하고, 하나님과의 친밀한 관계 속에서 온전히 드리는 기도를 통해 자신에게 적용하는 신앙생활을 해야 한다.

내가 평소에 자주 쓰는 말이 있다.

"너나 잘 해."

내가 기도하여 남에게 적용할 생각하지 말고, 나의 골방에서 드려지는 나의 기도를 통해 나의 삶에 구체적인 변화가 일어나게 되기를 축복한다.

기도 생활을 병들게 하는 것

이 책의 서두에 산상수훈을 다룬 독일의 철학자 헬무트 틸리케라는 독일 신학자의 《현실과 믿음 사이》라는 책을 소개했는데, 그 책에서 저자가 기도 생활을 병들게 하는 두 가지를 이렇게 설명했다.

첫째는 사람의 사고와 의지의 분량이 사람과 사물에 이미 소진되는 것이다. 그 바람에 우리의 말이 너무 적어지는 것이다. 이는 사람과 사물이나 상황에 모든 에너지를 소진하여 기도가 안 되는 것이다.

둘째는 하나님께 아무것도 의탁하지 않는 것이다. 그래서 우리의 말이 너무 많아지는 것이다. 이 두 가지가 우리의 기도 생활을 병들게 한다.

기도는 하나님의 말씀에 기초하여 하나님 앞으로 나아가는 것이다. 하나님을 붙잡는 것이다. 격식이 중요한 게 아니라 하나님과의 관계가 중요하다. 다른 사람이 기도의 대상이 아니라, 오직 하나님만이 우리의 기도의 대상이시다. 물론 다른 사람을 위한 중보 기도를 하기도 하지만, 그때에도 역시 기도의 대상은 하나님이시고 하나님이 행해주시기를 원하는 것이다.

내가 해외 유학생들을 위한 집회에 강사로 자주 참여했는데, 한번은 집회에 갔더니 모든 선교사님들이나 목사님들이 삼십 대 초반의 한 자매를 칭찬하는 것이다. 너무 신실한 기도의 사람이라고. 나는 뭐 때문에 저렇게 칭찬을 받나 신기해서 그 자매를 보게 되었는데, 그 자매가 결혼을 위해서 기도를 하는데 엄청나게 구체적으로 기도를 한다는 것이다. 근데 그걸 또 그렇게 칭찬하는 것이다.

그래서 그 자매를 따로 불러서 물어봤다.

"이런 사람이 이 땅에 존재하겠니?"

그리고 두 번째 질문을 이렇게 던졌다.

"그리고 그 사람이 존재한다면, 널 좋아하겠니?"

그러면서 이런 조언을 해주었다. 왜 인생의 많은 시간을 세상에 있을지 없을지도 모르는 그 사람을 위해 기도하느냐고.

우리가 기도 행위에 너무 많은 의미를 부여하고, 높이 평가하기 때문에 그런 기도를 두 시간씩, 세 시간씩 하는 것이다. 기도에서 중요한 것은 하나님의 뜻을 구하는 것이다. 그 시간에 자신을 위해 기도하고 노력하면 좋은 사람을 꼭 만날 것이라고 조언했다.

하나님의 마음에 합한 것을 구해야 한다.
내가 원하는 것을
하나님께 구해서 이루는 게 아니다.

그것이 우리의 목적이 아니다. 물론 우리가 하나님 앞에 간구할 수 있다. 우리의 아빠 아버지이시기에 모든 것을 말할 수 있다.

하지만 기도의 핵심은 주님의 뜻대로 이루어지기를 원하는 것이다. 그것이 잘 안 되기 때문에 말씀을 보고 말씀을 기초로 기도하는 것이다.

사실, 우리는 하나님의 뜻이 이루어지길 기도해야 한다는 것을 알면서도 정말 하나님께서 하나님의 뜻대로만 하실까봐 두렵다. 내 뜻도 조금은 이루어져야 하는데 말이다. 그런 우리에게 예수님은 주기도문에서 내 뜻을 내려놓는 기도를 가르쳐주셨다. 그래서 주님이 직접 가르쳐주신 기도를 따라 하는 기도가 가장 좋다.

주기도문의 두 가지 핵심적인 부분이 있는데, 첫째는 하나님의 엄위, 그분의 거룩하심과 영광과 권세에 관한 부분이다. 우리는 그분의 영광을 마땅히 찬양하는 기도를 드려야 한다.

둘째로 절대적인 하나님께 의존하는 것이다. 예수님은 주기도문에서 '오늘의 일용할 양식'을 위해 기도하라고 가르쳐주셨다. '내일의 양식'이 아닌 '오늘의 양식'을 구하는 것이다. 이는 매일 오늘 하나님께 의존하겠다는 몸부림이다. 이것이 기도이며, 하나님과의 관계다.

요즘엔 옛날처럼 그날 먹을 것을 구해서 그날 먹고 사는 시대가 아니기 때문에, 오늘의 양식을 구하는 것이 어떤 의미인지 실감이 안 날 수 있지만, 이것은 하나님께 전적으로 의존하는 기도를 하라고 가르쳐주신 것이다.

우리 주님은 우리가 전적으로 믿어도 좋은 분이다. 예수님이 우리에게 어떤 관계를 요구하셨는지 성경의 다른 부분을 보자.

도둑이 오는 것은 도둑질하고 죽이고 멸망시키려는 것뿐이요 내가 온 것은 양으로 생명을 얻게 하고 더 풍성히 얻게 하려는 것이라 나는 선한 목자라 선한 목자는 양들을 위하여 목숨을 버리거니와 요 10:10,11

우리가 기도하는 대상은 자기 양을 위해 목숨을 버리시는 예수 그리스도시다. 자기 목숨을 버리기까지 양들을 위하시는 주님은 우리에게 가장 좋은 것을 주신다는 것을 기억해야 한다. 즉 주시지 않는 것에 대해서는 마음 정리를 할 필요가 있다는 것이다.

기도의 능력

요한복음 14장 12절에는 기도의 어마어마한 역사에 대해 기록한다.

내가 진실로 진실로 너희에게 이르노니 나를 믿는 자는 내가 하는 일을 그도 할 것이요 또한 그보다 큰 일도 하리니 이는 내가 아버지께로 감이라 요 14:12

기도의 용사는 예수님이 하신 일들도 하고 그보다 큰일도 한다고 하셨다. 정말 놀라운 약속이다. 예수님이 이 땅에 오셔서 행하신 일들은 그분이 하실 수 있는 일들을 다 보여주신 것이 아니다.

그분은 창세전에 세상의 모든 것을 창조하신 분 아니신가. 그러니 주님은 '내가 보여준 것보다 더 큰 일도 할 수 있다. 기도해라'라고 말씀하신 것이다.

그리고 기도는 자신의 뜻을 구하는 것이 아니란 것이다. 하나님의 뜻을 구하는 것이 기도다. 솔로몬이 지혜를 구했을 때 하나님은 그가 구하지 않은 다른 것도 주셨다. 하나님의 마음에 합한 것을 구할 때, 하나님이 우리를 무장시켜주신다. 그리고 내게 필요한 것을 공급해주신다.

지금 내게 없는 것은 어쩌면 나에게 필요 없는 것일지도 모른다. 하나님이 전지전능하신 분이시고, 그분이 우리를 사랑하시며, 하나님이 나를 붙잡고 계시다는 믿음 속에서 말씀 가운데 간구하자. 그 믿음으로 내 뜻이 아닌 하나님의 뜻을 구하자.

너희 안에 이 마음을 품으라 곧 그리스도 예수의 마음이니 그는 근본 하나님의 본체시나 하나님과 동등됨을 취할 것으로 여기지 아니하시고 오히려 자기를 비워 종의 형체를 가지사 사람들과 같이 되셨고 사람의 모양으로 나타나사 자기를 낮추시고 죽기까지 복종하셨으니 곧 십자가에 죽으심이라 이러므로 하나님이 그를 지극히 높여 모든 이름 위에 뛰어난 이름을 주사 하늘에 있는 자들과 땅에 있는 자들과 땅 아래에 있는 자들로 모든 무릎을 예수의 이름에 꿇게 하시고 모든 입으로 예수 그리스도를 주라 시인하여 하나님 아버지께 영광을 돌리게 하셨느니라 빌 2:5-11

이것이 하나님이 우리에게 기도하라고 하신 이유다. 모든 이름 위에 뛰어난 이름, 곧 예수의 이름으로 승부를 거는 것이다. 우리는 우리의 능력으로 사는 것이 아니다. 우리의 생각으로 사는 것이 아니다. 우리의 계획으로 사는 것이 아니다. 우리는 예수 그리스도의 이름으로 살아가는 것이다.

진심을 다해 기도에 애를 써보자. 기도회에 참석하고, 개인의 기도 골방에서의 시간을 쌓고, 기도의 양과 질을 올리기 위해 애써보자. 하나님께 초점을 맞추자.

기도가 안 될 때도 있다. 그럴 때는 하나님과의 대화를 이어가는 것으로 시작하라. 어떻게 하든 골방을 살려내라. 그곳에

서 하나님과 동행함으로 인생의 승부를 거는 우리 모두가 되기
를 바란다.

¹⁹ 너희를 위하여 보물을 땅에 쌓아 두지 말라 거기는 좀과 동록이 해하며 도둑이 구멍을 뚫고 도둑질하느니라 ²⁰ 오직 너희를 위하여 보물을 하늘에 쌓아 두라 거기는 좀이나 동록이 해하지 못하며 도둑이 구멍을 뚫지도 못하고 도둑질도 못하느니라 ²¹ 네 보물 있는 그 곳에는 네 마음도 있느니라 … ³³ 그런즉 너희는 먼저 그의 나라와 그의 의를 구하라 그리하면 이 모든 것을 너희에게 더하시리라 ³⁴ 그러므로 내일 일을 위하여 염려하지 말라 내일 일은 내일이 염려할 것이요 한 날의 괴로움은 그 날로 족하니라 마 6:19-34

chapter 8

무엇을 위하여 살 것인가

하나님의 사람은 어떻게 살아야 하나?

본문에서 주님은 하나님의 사람은 어떻게 살아야 하는지에 대해 말씀하신다. 우리의 일상은 간단하지 않다. 쫓아낼 수 없는 아주 치열하고 현실적인 염려로 가득하다.

물론 우리가 기도하며 하나님을 붙잡고 살아가면 염려가 줄어들 수 있지만, 그렇다고 염려 없이 살아가기는 참 어렵다. 그래서 사람들 중에는 현실을 도피하며 살아가는 사람이 있고, 염려에 붙잡힘 당해서 염려하고 걱정만 하며 살아가는 사람도 있다.

그런데 예수님은 "내일 일을 위하여 염려하지 말라"라고 말씀하셨다. 혹자는 예수님은 염려가 없고 걱정이 없는 하나님이시니까 그렇게 쉽게 우리에게 염려하지 말라고 말씀하셨을 거라고 생각한다. 하지만 정작 예수님은 십자가의 길이 점점 가까워지고 있는 중이셨다. 완벽한 하나님이셨고 완벽한 육신이셨던 예수님이 이 잔을 피해 갈 수만 있으면 피해 가고 싶다고 고백하셨을 만큼 어려운 골고다 언덕의 시간이 다가오고 있었다.

주님은 염려와 고통 없는 인생을 사시면서 "염려하지 말라"라고 말씀하신 것이 아니라 하나님을 믿는 사람은 이 땅에서 어떻게 살아야 하는지를 말씀하시면서 십자가의 길이 다가오고 있음에도 불구하고 '염려하지 마라, 걱정하지 마라'고 말씀하신 것이다. 이는 결코 현실을 도피하라는 말씀이 아니다.

또한 예수님은 '들의 백합화를 보라'고 말씀하셨는데, 이 역시 고통이란 모르는 이의 낭만이 아니다. 골고다 십자가의 길에 맞닥뜨린 예수님이 하신 말씀이다.

우리가 이 땅을 살아갈 때 먹고 사는 문제는 참 중요하다. 그래서 먹을 것과 입을 것이 중요하다. 그런데 어느 정도가 적정한 필요이고, 어느 정도가 사치인지 그 기준을 가늠하기가 어렵고, 그 수준도 다 다르다. 어떤 사람은 수천만 원을 써도 죄책감이 없고, 또 어떤 사람은 몇만 원만 써도 '이렇게 살면 안 되는데' 하며 죄책감을 느낀다.

그래서 사람의 기준이 아닌 하나님의 기준으로, 우리가 이 땅에서 어떻게 살아야 하는지, 하나님께서 원하시는 태도는 무엇인지를 고민해봐야 한다.

기쁨으로 살아가는 사람이 있는가 하면 염려와 불안으로 살아가는 사람도 있다. 간혹 염려가 전혀 없는 것 같은 사람이 있다. '저 사람은 정말 남편을 잘 만났구나, 부모를 정말 잘 만났구나' 싶은 사람이 있다.

그러나 아무리 근심 걱정이 없어 보이는 사람이라도, 그 사람과 앉아서 두세 시간만 대화를 나눠보면 그 사람 안에 고통과 어려움이 있다는 걸 알게 된다.

모든 인생이 다 그렇다. 그럼에도 불구하고, 우리는 하늘에 기쁨을 두고 살아가야 한다. 세상에 끌려다닐 때 깊은 불안과 염려는 감당할 수 없을 정도로 우리 삶을 잠식한다. 그렇기에 예수님은 하늘에 가치를 두고 살아갈 것을 말씀하신다.

보물을 땅에 쌓아두지 말라

마태복음 6장 19,20절에서 주님은 이렇게 말씀하신다.

너희를 위하여 보물을 땅에 쌓아두지 말라 ⋯ 오직 너희를 위하여 보물을 하늘에 쌓아두라 마 6:19,20

그런데 이 말씀과 관련하여 우리가 오해하지 말아야 할 것이 있다.

우선 성경은 소유에 대해 금지하지 않는다. 그리고 만일의 경우를 대비하는 것, 예를 들어 노후에 대비해 저축하는 것이나 비상 상황을 위해 저축하는 것들도 금지하지 않는다. 오히려 잠언 6장 6절을 보면, 개미가 여름날에 겨울에 필요한 양식을 모으는 것을 칭찬한다. 더 나아가서 하나님이 우리에게 주신 좋은 것들을 누리는 것에 대해서도 전혀 문제 삼지 않는다.

그러나 분명하게 문제로 삼으시는 것이 있다. 자신만을 위해 이기적으로 재산을 쌓는 것에 대해선 우리 마음의 중심이 어디 있는지를 물으시며 '하나님의 나라와 그의 의를 위하여' 살 것을 말씀하셨다.

우리에게 돈이 있다면, 그 돈은 하나님나라와 그의 의를 위해 써야 한다. 우리에게 시간이 있다면, 그 시간을 하나님나라와 그의 의를 위해 써야 한다. 어떤 재능이 있다면, 그 재능 역시 하나님나라와 그의 의를 위해 사용해야 하는 것이다.

그런데 그런 것을 '나의 것'이라고 생각하며 낭비하고 이기적으로 살아간다면, 하나님은 그것을 문제 삼으신다. 우리 인생에 하나님이 주신 것들을 누리며 감사함으로 그분의 나라와 의를 위해 사용하는 것이 우리가 나아가야 할 방향이다.

하나님이 문제 삼으시는 것이 있다.

이기적으로 쌓는 재산.

자기 자신만을 위한 사치와 낭비.

하나님나라를 위해 사용되는 것만 기억하신다.

하나님의 사람은 하나님께 가치를 둔 자들이다. 그래서 하나님을 믿는 우리에겐 분명한 가치관의 변화가 있어야 한다. 이 땅의 것으로 만족하지 말고, 이 땅의 것에 마음을 빼앗기지 않고, 하늘의 것에 가치를 두고 살아가야 하는 것이다.

그렇다면 예수 믿는 우리에게 어떤 게 낭비이고 어떤 게 사치인가? 어떤 차를 꼭 몰아야 한다든지, 어떤 집에서 꼭 살아야 한다거나 하는 식으로 우리 삶에 절대적으로 삼는 것이 있다면, 그것은 문제가 되는 것이다. 무슨 수를 써서든 명품백 같은 것들을 꼭 사야 한다면, 문제가 있는 것이다. 우리가 좋은 것을 누리는 것은 하나님께 감사할 일이지만, 그것이 절대적이라면 그것은 두 주인을 섬기는 것이다.

욥기 1장 21절에 "알몸으로 나왔사온즉 또한 알몸이 그리로 돌아가올지라"라는 말씀이 있다. 우리는 빈 몸으로 태어나 빈 몸으로 죽는다. 세상의 것을 쥐고 죽는 사람은 아무도 없다.

알렉산더 대왕이 죽기 직전에 이런 유언을 남겼다고 한다.

자신이 죽으면 관의 양쪽 옆에 구멍을 내어 자신의 두 손이 나오게 해달라고 말이다. 그래서 자기처럼 모든 것을 가진 사람도 세상을 떠날 때는 아무것도 가지고 갈 수 없다는 것을 많은 사람에게 보여줄 수 있도록 해달라는 것이었다.

우리는 이 땅에서 살아가는 데 있어서 이 땅의 것이 절대적으로 필요한 것은 아니란 사실을 인지하며 살아야 한다. 하나님은 우리가 무엇을 소유했느냐를 기억하지 않으신다. 하나님나라를 위해 사용된 것만 기억하신다.

세상 것에 집중하면 마음을 빼앗긴다

문제는 이 땅에는 우리의 마음을 빼앗길 만한 것이 너무 많다는 데 있다. 언젠가 평소에 전혀 보지 않던 홈쇼핑 채널을 본 적이 있다. '사람들이 이걸 왜 볼까?' 싶어서 한번 봤다. 홈쇼핑 채널에서 상품을 파는 걸 보니, 꽤나 성경적 원리가 적용되고 있었다. 우선 쇼호스트들의 말들이 종말론적이다.

"이제 몇 개 안 남았습니다."

"시간이 얼마 없습니다. 곧 마감합니다."

끊임없이 '곧 끝난다'는 것을 강조했다. 그러다 보니 전혀 관심 없던 상품인데도 '이걸 사야 하나?' 싶은 것이다. 그렇게 순간순간 우리의 마음을 들었다 놨다 하며 우리의 마음을 빼앗는 것들이 많은데, 우리는 어떻게 우리의 마음을 지켜야 할까?

이 땅의 것들에 대해서 우리가 분명하게 지켜야 하는 마음의 태도가 있다. 그것은 '나는 하나님의 나라를 위해서 산다'는 것을 꼭 기억하는 것이다.

나에게 물질이 있다. – 하나님나라를 위해 쓸 것이다.
나에게 시간이 있다. – 하나님나라를 위해 쓸 것이다.
나에게 재능이 있다. – 하나님나라를 위해 쓸 것이다.

가치관의 변화가 일어나면 당연히 우리의 생각도 바뀐다. 그래서 하나님은 이렇게 말씀하신다.

"네 보물 있는 그곳에는 네 마음도 있느니라."

그러면서 22,23절에서 이렇게 말씀하셨다.

"눈은 몸의 등불이니 그러므로 네 눈이 성하면 온 몸이 밝을 것이요 눈이 나쁘면 온 몸이 어두울 것이니."

우리가 우리의 눈으로 무엇을, 어떻게 보며 살아가고 있는지가 중요함을 강조하시는 말씀이다.

우리는 이 땅의 것을 보며 이 땅의 것에 마음을 빼앗겨 살아가는 사람들이 아니다. 이 땅의 것만 보면 마음을 빼앗길 수밖에 없다. 그래서 성경은 물질과 관련하여 "한 사람이 두 주인을 섬기지 못할 것이니"라고 말씀하시는 것이다.

> 내가 전심으로 주를 찾았사오니 주의 계명에서 떠나지 말게 하소서 … 나는 땅에서 나그네가 되었사오니 주의 계명들을 내게 숨기지 마소서 시 119:10,19

시편 기자는 마음으로 계명을 붙잡고 떠나 살지 않게 해달라고 기도하며, 우리가 땅에서 나그네가 될 때에 주님이 보여 주지 않으시면 그 계명을 볼 수 없고 그 계명대로 살 수 없다고 고백한다. 그렇기에 그 계명을 보여달라고 마음으로 주를 찾고 주님을 붙잡는 것이 중요한다. 우리가 무엇을 보며 사는가, 우리가 무엇을 느끼며 사는가가 중요한 이유다.

가치관이 변화되면 이 땅의 것들이 더 이상 나의 관심사가 아니다. 가치관이 변화되면 두 주인을 섬기지 않게 된다. 소그룹 모임할 때 어떤 대화를 나누는가? 하나님의 말씀은 아주 잠깐 나누고 세상 이야기들로 수다의 꽃을 피우지 않는가? '어느 백화점에서 세일을 한다, 어떤 브랜드가 좋더라, 어디 가서 뭘 먹었더니 맛있더라, 어떤 옷이 좋단다' 같은 이야기만 가득하면 그것은 세상적인 모임이 되는 것이다. 우리의 관심사가 무엇이냐에 따라 그것이 대화로 나오기 때문이다. 교회에서 모인다고 영적인 모임이 아니라 내용이 영적이어야 한다.

가치관이 변화되면 세상 이야기가 주제가 되지 않는다. 관심이 변하고, 대화가 변한다. 하나님이 내게 원하시는 것은 무엇인지, 하나님이 우리에게 행하신 말씀들이 어떻게 나타났는지 나누느라 바쁘다.

누군가는 그렇게 살면 무슨 재미로 사냐고, 인생 사는 낙이 없을 것 같다고 한다. 하지만 우리는 하나님을 섬기는 자들이다. 정말로 우리의 가치관이 변화되어 두 주인을 섬기지 않는 삶을 살게 되면, 그래서 주님을 붙잡게 되면 하나님을 나누는 대화가 훨씬 재미있고 시간 가는 줄 모른다.

염려에서 벗어나는 방법

우리는 하나님을 섬기는 자들이다. 성경은 분명히 말한다. 우리의 목숨을 위하여 무엇을 먹을까, 무엇을 입을까 걱정하지 말라고. 주님이 새도 먹이고, 들에 피는 백합화도 입히는데 하나님의 자녀인 우리를 못 입히시겠냐며 말씀하신다.

그런데도 우리가 매일 걱정하고 염려하는 것은, 우리의 믿음에 문제가 있는 것일 뿐 아니라 우리가 사는 동안 우리의 시선이 세상을 향해 있기 때문이다. 내 관심이 세상을 향해 있기 때문이다.

하나님 앞에 예배드리고 기도하지만, 정작 나의 삶에서 드러나는 내 관심사는 세상이라는 것이다. 그래서 기도를 했는데도 기도를 마치면 또다시 염려가 생기고, 염려하면서 '기도해야지, 염려하지 말아야지' 하고 또 기도하고, 기도를 마치면 다시 또 염려하고. 기도 반 염려 반으로 사는 것이다.

꼭 공부 못하는 아이들이 공부할 때는 '아, 나 놀고 싶어' 하고 놀 때는 '아, 나 공부해야 하는데' 하면서 놀지도 못하고 공부도 못하는 것과 비슷하다.

이런 인생에서 벗어나야 한다. 그러기 위한 가장 궁극적인 방법은 두 주인을 섬기지 않는 것이다. 예수님이 '두 주인을 섬기지 마라. 세상을 섬기지 마라. 너의 가치를 나에게 두라. 너의 생각을 나에게 두라'고 하신 말씀이 삶에서 이루어진다면, 우리는 염려하지 않는 인생을 살 수 있다.

물론 일상의 염려에서 완벽하게 자유케 되지는 않겠지만, 우리 삶의 염려와 생각과 걱정과 관심이 하나님 앞에 놓여질 때, 나의 주인이 오직 예수 그리스도이실 때 우리 삶에는 세상 사람들과는 분명히 다른 하나님의 역사가 나타날 것이다. 그래서 세상 사람들에게 예수 그리스도의 사람으로 하나님의 능력을 보여주게 될 것이다.

주님은 계속 말씀하신다.

"누가 염려함으로 그 키를 한 자나 더할 수 있겠느냐? 또 너희가 어찌 의복을 위하여 염려하느냐? 들의 백합화가 어떻게 자라는가 생각하여보라."

우리는 하나님의 나라를 위해 사는 사람들이다. 하나님의 나라와 하나님의 영광을 위해 사는 사람들이다. 하나님의 의가 이 땅에 나타나기를 위해 사는 사람들이다. 하나님나라를 위해 먹고, 하나님나라를 위해 자는, 하나님나라를 위해 사는 사람들인 것이다.

그래서 우리는 이 땅의 것으로 염려하지 않는다. 보이는 것 때문에 보이지 않는 하나님을 놓지 않는다. 우리는 보이는 것에 마음을 빼앗기지 않고 보이지 않는 하나님을 붙잡고 사는 사람들이다. 그것이 믿음이다. 이 땅의 것에 우리의 에너지를 사용하는 것이 아니라 하나님이 주신 것으로 사는 것이다.

내게 부족함이 없다

내가 교회 성도 한 가정을 심방 갔는데, 그 분이 이런 고백을 했다.

"필요한 것은 많아도 부족함은 없습니다."

이 말씀을 듣고 정말 은혜를 받았다. 필요한 것이 없는 사람이 어디 있을까? 그러나 우리는 이렇게 고백할 수 있다.

여호와는 나의 목자시니 내게 부족함이 없으리로다 시 23:1

여호와께서 나의 목자시니 주님이 나에게 허락하신 것들로 만족하고 기뻐하며 살아가는 것이다.

예수님은 마태복음 6장 33절에서 "먼저 그의 나라와 그의 의를 구하라"라고 하시면서 이렇게 말씀하셨다.

그리하면 이 모든 것을 너희에게 더하시리라 마 6:33

우리는 모든 것을 더해주시겠다는 이 말씀이 너무 좋다. 그런데 막상 살다 보면 이상하다. 분명히 구했는데 왜 나에게는 더해주지 않으실까? 왜 나는 풍족하게 안 주실까?

그것은 아마도 우리에게 필요하지 않기 때문일 것이다. 하나님이 주시지 않은 것은 필요가 없는 것이다. 하나님이 주신 것으로 만족하고 기뻐하고 하나님을 붙잡고 살아가는 믿음을 구하자.

내게 주신 모든 것이 하나님의 것

주신 물질에 대해 어떻게 하나님에 감사할 것인가? 물질의 주인이 하나님이시니, 십의 일을 드리는 것은 신앙의 시작이다. 그것은 신앙의 목표가 아니다. 십의 일을 드린다는 것은 십의 일이 나의 하나님의 것이라는 게 아니라 나의 모든 것이 다 하나님의 것이라는 고백이다.

나는 평소에 헌금 설교를 거의 하지 않는다. 목회자가 꼭 앞에 나서서 헌금 설교를 하지 않아도 우리가 신앙적으로 은혜를 받고 하나님이 나의 주인이라고 믿으면 헌금은 당연히 따른다고 생각하기 때문이다.

하지만 우리 솔직하게 생각해보자. 정말 내 물질의 주인이 하나님이시라고 믿고 있는가? 우리는 정말 하나님의 나라를 위해 살고 있는가? 그런데 왜 자꾸 헌금할 때 조금 더 적은 금

액, 조금 더 단위가 작은 지폐를 찾는가? 예수님은 분명히 '너의 보물이 있는 곳에 너의 마음이 있다'고 말씀하셨다. 물론 헌금의 액수가 중요한 것은 아니다. 하지만 예수님은 마음을 보시는 분이시기에, 우리가 아무리 큰 금액을 드린다 할지라도 인색함으로 드리면 그것을 받지 않으신다.

하나님은 우리의 물질이 필요한 분이 아니시다.
그분은 우리의 마음을 원하신다.

신앙생활을 온전히 하고 싶은가? 그렇다면 일상의 삶을 제대로 살아야 할 필요가 있다. 주일에 교회 나와서 예배 드린다고 우리의 일상이 다 해결되는 것은 아니다. 내 일상은 내 책임이다. 하나님이 정말 나의 주인이시라면, 내 관심이 달라져야 한다. 관심이 달라지면 돈 씀씀이가 달라질 것이고, 내 생활이 달라질 것이고, 내 생각이 달라질 것이다.

이 세상의 것만 보니까 염려하는 것이다. 옆집 아이를 자꾸 보니까 자녀가 걱정되는 것이다. 놔두면 알아서 크고 하나님이 알아서 세우신다. 내 시선을 하나님 앞에 두면 조금씩 염려와 걱정에서 벗어날 수 있다. 그러면 우리는 이 땅의 것에 마음을 빼앗기지 않고 주님의 손을 잡는 주님의 사람이 될 수 있다.

아무리 주님을 바라봐도 우리 인생에 풍랑이 일 때가 있다. 하지만 그 풍랑 속에서 예수님은 물 위를 걸어서 오셨다.

예수님이 물 위로 걸어서 오셨다는 것은 풍랑이 심했고, 제자들에게 예수님의 도움이 필요했다는 것을 의미한다. 예수님은 물 위를 걸어오시고 손을 내미셨다. 내 손을 잡으라고.

주님의 손을 붙잡고 산다는 것은 예수님이 산상수훈에서 우리에게 직접 하신 말씀에 그대로 순종하는 것이다. 주님 앞에 똑바로 서야 한다.

"흐지부지하게 신앙생활하지 않게 하여주시옵소서. 하나님께서 원하시는 신앙생활이 이루어지게 하여주시옵소서!"

주님께 시선을 두고, 풍랑이 일 때면 풍랑 속에서 걸어오시는 주님의 손을 붙잡고 이렇게 기도하는 우리가 되자.

1 비판을 받지 아니하려거든 비판하지 말라 2 너희가 비판하는 그 비판으로 너희가 비판을 받을 것이요 너희가 헤아리는 그 헤아림으로 너희가 헤아림을 받을 것이니라 3 어찌하여 형제의 눈 속에 있는 티는 보고 네 눈 속에 있는 들보는 깨닫지 못하느냐 4 보라 네 눈 속에 들보가 있는데 어찌하여 형제에게 말하기를 나로 네 눈 속에 있는 티를 빼게 하라 하겠느냐 5 외식하는 자여 먼저 네 눈 속에서 들보를 빼어라 그 후에야 밝히 보고 형제의 눈 속에서 티를 빼리라 마 7:1-5

chapter 9

올바른 시각을 가지라

비판은 썩은 사랑이다

오스왈드 챔버스는 비판에 대해 이렇게 말했다.

"영적인 영역에서 볼 때 비판은 사랑이 변해 썩은 사랑이 된 것이다. 건강한 영적인 삶에는 비판의 여지가 없다."

비판은 지적 기능이다. 도덕적 기능이 아니다. 비판은 내가 보고 생각하는 것을 말하는 것이지, 누군가를 비판한다고 해서 내가 그 사람보다 나은 삶을 살고 있는 것은 아니다. 사람은 비판할 때 '내가 이 사람보다 우월하다'라는 착각을 하게 될 때가 많은데, 이것은 옳지 않은 것이기에 예수님은 비판을 금하신 것이다.

우리가 누군가보다 우월한 자리에 있다고 생각하는 것 자체가 몹시 위험하다. 그래서 우리를 사랑하시는 하나님은 우리에게 회개하고 돌이키는 기도를 원하셨다.

누구든지 형제가 사망에 이르지 아니하는 죄 범하는 것을 보거
든 구하라 그리하면 사망에 이르지 아니하는 범죄자들을 위하여
그에게 생명을 주시리라 사망에 이르는 죄가 있으니 이에 관하여
나는 구하라 하지 않노라 요일 5:16

하나님은 사망에 이르지 아니하는 범죄자들을 위해 생명을
주신다고 하셨다. 하나님은 생명을 주는 사람을 원하신다. 남
을 비판할 시간이 우리에겐 없다. 하나님의 사람답게 살 시간
도 모자라다.

하나님의 능력으로 생수의 강이 흘러나오는 역사가 우리에
게 있기를 원한다. 또한 우리의 입술과 삶을 통해 다른 사람의
삶에도 생수의 강이 이루어지기를 간구해야 한다.

나를 믿는 자는 성경에 이름과 같이 그 배에서 생수의 강이 흘러
나오리라 하시니 요 7:38

우리의 삶에 '생수의 강'이 넘치고, 우리 삶을 통해 다른 사람
의 삶에도 '생수의 강'이 넘치는 삶을 살아야 한다. 그런데 그것

은 '사랑'으로 이루어진다. '용서'로 가능하다. '섬김'으로 이루어진다.

그래서 예수님은 "너희가 비판하는 그 비판으로 너희가 비판을 받을 것"이라고 강력하게 말씀하시면서 비판하지 말라고 하시는 것이다.

비판은 예수님의 자리를 차지하는 것

비판의 마지막 자리는 재판장의 자리다. 비판하다 보면 판단하고 결국 판결을 내리는 자리로 가기 때문이다. 그러나 예수님은 우리를 재판장의 자리에 두지 않으셨다. 재판장의 자리는 예수님의 자리다.

네가 어찌하여 네 형제를 비판하느냐 어찌하여 네 형제를 업신여기느냐 우리가 다 하나님의 심판대 앞에 서리라 롬 14:10

사도 바울이 비판에 대해 얘기하면서 어떤 단어를 쓰고 있는가? '업신여긴다'라는 단어를 사용하고 있다. 즉, 비판하는 것은 누군가를 업신여기고 무시하는 것이다.

최근 들어 한국인들만의 특성을 연구한 자료들이 꽤 많아지고 있다고 하는데, 우리나라가 중국이나 일본 같은 동양 다른 나라에 비해 주체성이 강하다고 한다. 그래서 주인공이 되기를 원하고, 무시당하는 것을 무척 싫어한다고 한다. 마찬가지로 누군가를 바라볼 때 업신여기는 마음이 생기는 것도 조심해야 할 부분이다.

비판은 마음을 강퍅하게 한다.
교제가 끊어지게 한다.
업신여기는 마음을 억제하라.

비판하지 말라고 말씀하시면서 주님이 뭐라고 하시는가? "어찌하여 형제의 눈 속에 있는 티는 보고 네 눈 속에 있는 들보는 깨닫지 못하느냐"라고 책망하신다.

하나님은 우리를 바라보실 때 은혜로 바라보길 원하시고 사랑으로 안아주길 바라시는데, 하나님의 은혜와 사랑을 받은 우리가 다른 사람에 대해 강경한 것은 옳지 않다고 말씀하시는 것이다.

비판을 바로잡기 위한 두 가지

주님은 너 자신에게는 엄격하고 남에게는 사랑을 베풀라고 하셨는데, 우리는 자꾸 거꾸로다. 나 자신에게는 굉장히 유연하고 남에게는 엄격하다. 주님은 그것이 옳지 않다고 말씀하신다.

이것을 바로 잡기 위해 우리에게 두 가지가 필요하다.

정결한 마음
올바른 시각

우리의 마음이 정결해야 하는데, 그렇지 못하니까 남에게 엄격해지는 것이다. 예를 들어, 우리가 축구를 보면서 조금 지고 있다 싶으면 화를 내며 이런 말을 잘한다.

"내가 해도 너보다 잘하겠다!"

물론 더 잘할 수 없다. 그들은 국가대표 선수들인데, 우리가 어떻게 그들보다 잘하겠는가? 그런데도 우리는 쉽게 비판과 평가의 말을 뱉는다.

우리는 실제로는 나는 그들보다 잘하지 못한다는 현실이 있다는 것을 기억해야 한다. 그리고 이 땅을 살아가면서 다른 사람을 평가하는 잣대 자체를 제거해야 한다.

'나는 그 사람을 평가할 수 없다. 나는 평가하는 사람이 아니다.'

우리는 대개 각자 자신만의 생각과 철학 등에 따라 다른 사람을 평가하는 잣대를 가지고 있다. 그 잣대에 따라 나와 맞는 것, 맞지 않는 것들을 평가하고 판단하곤 한다. 하지만 성경은 그런 건 똑똑한 게 아니라 교만한 것이라고 말씀한다.

비판은 교만에서 시작한다

비판은 교만한 시각에서 시작한다. 내 시각이 겸손하면 교만할 수 없다. 이런 경험이 있는가? 누군가 몹시 잘못하는 사람이 있다. 그런데 우리가 하나님 앞에 기도하고 은혜를 받아 회개로 나아가게 되면, 하나님 앞에서 내가 가장 큰 죄인이다. 다른 죄인은 내 염두에 없다.

정결한 마음은 은혜를 통해 생기는데, 우리가 은혜를 받아 정결한 마음이 가득하면 하나님 앞에서 내가 가장 추악한 죄인임을 알게 된다.

하지만 하나님 앞에서 교만해지면 교만해질수록 나는 꽤 괜찮은 사람 같다. '나만큼만 하면 되고, 내가 없으면 안 된다'고 생각한다. 그것은 교만이 가득하여 시각이 잘못되었기 때문이다.

사실 사람에 따라 비판하는 기질이 조금 더 강한 사람이 있고, 조금 덜 한 사람이 있다. 그러나 아무리 기질적으로 타고난 성향이 비판적이라 해도 우리는 하나님 앞에서 은혜를 구하며 비판을 감사로 바꾸는 영적인 선택을 할 필요가 있다. '나는 그렇게 태어났어. 난 여태 그렇게 살아왔어'라고 내키는 대로 비판하면 안 된다.

그러면 내 비판하는 성격이 어떻게 하면 감사하는 성격으로 바뀔 수 있을까? 그러기 위해선 올바른 시각이 중요한데, 죄도 그렇고 선도 그렇고 모든 것은 눈에서부터 시작하기 때문이다. 내가 어떤 사물을 어떻게 보느냐에서 모든 유혹도, 죄도, 감사도 시작한다. 그래서 모든 사람이 다 죄를 짓는 것이 아니라 그것을 어떻게 바라보느냐에 따라서 죄를 짓고 안 짓고가 달라지는 것이다.

그러니 하나님 앞에서 올바른 시각을 갖게 해달라고 기도하라. 하나님께서 재판장의 자리에 서서 나를 보고 계시다는 것을 기억하면서 모든 사물과 사람을 바라본다면, 우리는 비판하는 사람이 될 수 없을 것이다.

비판과 분별

그럼에도 불구하고 분별은 있어야 한다. 비판과 분별은 다르다. 우리는 분명히 잘못된 것에 대해 알아야 하고, 분별할 줄 알아야 하며 잘못된 것을 따르지 말아야 한다.

그러니 선악을 분별하고 하나님의 뜻과 하나님의 뜻이 아닌 것을 분별하는 지혜는 분명히 있어야 한다. 하지만 분별을 비판과 헷갈리면 안 된다. 이를 위해 분별이라 할지라도 함부로 입에 담는 것을 조심해야 한다. 분별하고 잘못된 것을 알아야 하는 것은 맞지만, 그것을 사랑 없이 비판으로 연결하는 것은 하지 말라는 것이다.

비판은 사랑을 무너뜨리려는 것들이 대부분이지, 사랑의 마음으로 전하는 건설적인 비판이란 건 없다.

비판적인 시각은 이렇게 이해하면 된다. 비판적인 시각이 자신에게 적용되면, 괜찮다. 그것은 분별이 된다. 그러나 남에게 잣대를 갖다 대면 그것은 예수님이 금하신 비판이다. 비판은 잣대를 남에게 들이대는 것이다.

누군가 분별과 비판을 이렇게 설명했다. "사과는 오렌지가 아니다"라고 말하면, 이것은 분별한 것이다. 그런데 "사과는 오렌지보다 못하다"라는 것은 비판이고 비난이라는 것이다.

그러니 우리는 '이것은 하나님의 말씀이다, 아니다' 분별은 있어야 하지만 '나는 너보다 말씀을 더 잘 지켜, 너는 이것이 잘못됐어'라고 하는 것은 안 된다는 것이다.

하나님이 주인이심을 기억하라

우리는 분별하는 사람이 되어야 한다. 선과 악을 분별하고, 옳고 그름을 분별해야 한다. 그러나 그 분별함을 절대적으로 신뢰해서는 안 된다. 하나님의 말씀만 신뢰해야지, 나의 분별력은 신뢰할 만한 게 못 된다. 우리의 지혜는 한계가 있기에 하나님께 계속 물어보고 기도하며 살아갈 수밖에 없는 존재이기 때문이다. 가장 중요한 것은 누가 우리의 주인인가 하는 것이다.

하나님께서 우리의 주인이시다. 우리는 하나님이 주인 되심을 우리의 삶 속에서 분명하게 드러내야 한다. 내가 남보다 낫다는 우월감에서 시작하는 비판하는 태도로는 하나님이 우리의 주인 되심을 드러낼 수 없다. 성경에서 말하는 뱀 같은 지혜로 우리는 분별하되, 교만과 우월함 위에 올라서서 비판하는 태도는 버려야 한다.

또한 사랑 없는 분별은 비판으로 이어지기 쉽다. 분별은 하나님 앞에 온전하고 똑바로 서고 싶은 마음에서 자신을 돌아보게 하지만, 사랑 없는 분별은 타인을 향한 잣대를 너무나 스스럼없이 들이대기 때문이다. 성경은 사랑이 없이는 다 울리는 꽹과리와 같다고 했다.

그러므로 남을 판단하는 사람아, 누구를 막론하고 네가 핑계하지 못할 것은 남을 판단하는 것으로 네가 너를 정죄함이니 판단하는 네가 같은 일을 행함이니라 롬 2:1

남을 판단하는 사람은 하나님 앞에서 누구도 핑계하지 못한다. 판단하는 것, 비판하는 것, 내 기준으로 누군가를 저울질하는 모든 것이 다 교만과 우월감에서 나오는 행동이다. 하나님은 우리의 그 판단으로 우리를 판단하시겠다는 무서운 말씀을 하신다.

변화시키는 사람

마태복음 7장에서 예수님은 이렇게 말씀하신다.

외식하는 자여 먼저 네 눈 속에서 들보를 빼어라 그 후에야 밝히
보고 형제의 눈 속에서 티를 빼리라 마 7:5

'외식하는 자'는 여러 가지로 설명할 수 있는데, 내 마음에 딱
드는 표현을 찾았다. 한마디로 '쇼하는 사람'이다. 위선도 똑
같다.

특히 영적인 영역에서 쇼하는 사람들이 간혹 있다. 하나님의
은혜를 많이 받는 척하면서 삶은 하나도 안 변하고, 온갖 거룩
한 말은 다 하는데 인생은 세속적이다. 그런 게 쇼하는 것이고
외식하는 것이다.

예수님은 외식하는 자들을 향해 뭐라고 말씀하셨는가? '남
의 눈에 있는 티 걱정하지 말고 네 눈에 있는 들보나 빼라'고
하셨다. 그리고 '그런 후에 형제의 눈 속에서 티를 빼라'고 하
셨다.

하나님께서 우리에게 원하시는 것이 무엇인가? 놀랍게도 '너
의 눈에 들보가 있어. 네 눈의 들보나 신경 써'라고 하시지 않고
우리 눈의 들보를 뺀 후에 형제의 티를 빼주는 사람이 되라고
하신다.

형제에게 '너 이것이 잘못되었어'라고 지적하는 게 아니라 함
께함으로 형제의 잘못됨을 바꿔주는 사람이 되라는 것이다. 서

로의 티를 빼주고 감싸 안고 함께 울고 함께 웃는 그런 역사가
일어나야 하는 것이다.

생수의 강을 흘려보내는 사람

내가 자책할 아무것도 깨닫지 못하나 이로 말미암아 의롭다 함
을 얻지 못하노라 다만 나를 심판하실 이는 주시니라 그러므로
때가 이르기 전 곧 주께서 오시기까지 아무것도 판단하지 말라
그가 어둠에 감추인 것들을 드러내고 마음의 뜻을 나타내시리니
그때에 각 사람에게 하나님으로부터 칭찬이 있으리라 고전 4:4,5

우리는 검열관이 아니다. 재판장도 아니다. 그러니 판단하지
말아야 한다. 우리 뜻대로, 우리 마음대로 판단하지 말아야 한
다. 때가 될 때까지 기다리면 하나님이 다 하신다는 뜻이다.

우리는 판단하고 비판하는 사람이 아니다.
사랑하고,
생수의 강을 흘려보내는 사람이다.

누군가 우리를 만나면 기쁨이 나타나고, 생기가 살아나는 그런 사람이어야 한다.

그런 사람이 있다. 말을 듣다 보면 분명히 나를 위한 말인데, 이상하게 기분이 안 좋다. 살아나려고 만났는데 더 죽어가는 것 같다. 그러면 그것은 진심을 담아서 사랑해서 하는 말이 아닌 경우가 많다.

우리가 진심을 다해서 사랑을 담아 말을 하려고 하면, 말이 줄고 기도가 길어지고 끌어안는 시간이 더 많아진다.

은혜 받으면 항상 내가 제일 문제.
은혜 떨어지면 늘 남이 문제.

부부 사이도 그렇다. 부부싸움을 하고 '내가 어쩌다가 저런 사람을 만났나' 싶다가도 하나님께 예배드리고 기도하며 회개하다 보면 '내가 잘못했구나' 싶다. 그러니 비판으로 남을 죽이는 사람이 아닌 남을 살리는 사람이 되고 싶거든, 항상 하나님 앞에 나아가 기도하고 회개함으로 은혜를 누리는 삶을 사는 게 중요하다.

보는 것과 생각과 말에 브레이크를 걸어라

예수님이 이 땅에 계실 때 예수님이 겪으신 참 어이없는 일 중에 하나가, 사람들이 예수님을 비판한 것이다. 그때 당시 제사장들과 종교 지도자들이 예수님을 얼마나 비판하고 평가했는가?

지금 본문에서 예수님이 "비판하지 말라"라고 말씀하고 계신데, 당시의 이런 상황을 생각하면 예수님이 어떤 강도로 이 말씀을 하셨는지 조금은 느낄 수 있을 것이다.

비판은 눈으로 시작하는데, 그것이 머리로 올라갔다가 입으로 내려가 입밖으로 나온다. 이 과정 중 어디에선기 브레이크가 걸려야 한다. 입으로 말해놓고 나면 더 이상 수습할 수가 없다. 이미 저질러진 일이 되어버린다.

눈으로 봤으면, 거기서 끝나야 한다. 그렇지 않고 생각까지 갔는가? 거기서라도 브레이크가 걸려야 한다. 하나님께 기도하라.

'말씀으로 멈춰지게 하옵소서.'

삶의 구체적인 변화가 없으면 우리는 살 수 없다. 예수님을 믿는다는 것은 인격적인 변화다. 성령의 아홉 가지 열매가 다 인격적인 것이다. 그 인격적인 변화가 없으면, 문제가 있는 것이다.

그러니 교회 안에서, 소그룹 안에서 나누는 언어가 굉장히 중요하다.

소그룹 모임을 조금 더 친근하게 해보겠다고 세상 이야기만 하면 모임 끝나고 나서 후회만 남는다. 조금 딱딱해도 하나님의 말씀을 나누고, 기도제목을 나누고, 그것을 끌어안고 같이 있어야 모임이 살아난다. 즐거운 모임을 만들겠다고 세상 이야기하는 것 가지고는 교제가 계속 잘될 것 같지만, 그렇지 않다. 하나님의 사람은 그런 것이다.

비판은 쉽지만, 수용은 어렵다

예전에 대학교에 다닐 때, 교목 목사님에게 열 명 정도가 함께 제자훈련을 받았는데, 나도 그 훈련에 동참했었다. 그때 1박 2일로 일정을 잡아서 프로그램을 하나 진행했는데, 동그랗게 앉은 원 안에 한 명씩 들어가 앉게 하고는 돌아가면서 그 사람에 대해 칭찬을 하게 했다. 칭찬을 몇 마디씩 하니까 금세 다 끝났다.

그러더니 또 한 명씩 원 안에 들어가게 하더니 이제는 그 사람에 대해 고칠 것을 얘기해주라고 했다. 칭찬할 때는 한참 고민해야 했는데, 고칠 것은 엄청나게 많았다. 말하는 사람은 사랑의 마음으로 얘기해주는 것 같지만, 듣는 입장에서는 굉장히 힘든 시간이 끝날 줄 모르고 이어졌다.

사람이 누군가를 사랑하는 데는 노력이 필요하다. 하지만 누군가를 비판하는 것은 너무 쉽다. 비판하면서도 사랑해서 하는 말이라고 한다.

그러면서도 아이러니한 것은 정작 자신은 그 비판을 듣는 것이 참 힘들다는 것이다.

성숙한 신앙의 모습

그렇다면 하나님이 원하시는 성숙한 사람은 어떤 사람일까? 주님은 '듣는 것은 빨리 하고, 말하는 것은 느리게 하라'고 말씀하신다. 누군가 우리에게 무엇이라고 말하면 들으라고 하신다. 또 5리를 걷자고 하면 10리를 걸어주라고 하신다. 그런 식으로 자기 자신에게는 엄격하되 남에 대해서는 여유 있게 받아주라고 하신다.

'사랑은 오래 참는 거야. 그러니 너는 오래 참아주렴. 그런데

다른 사람이 참지 못하고 너에게 화를 내면 너는 용서해.'

이것이 성경이 말하는 성숙함이며, 또한 하나님이 우리에게 원하시는 구체적인 신앙의 고백이자 열매이다.

예수님은 "때가 되면 내가 너를 판단할 거야"라고 말씀하셨다. 그런데 예수님의 판단 기준은 '십자가'다. 이미 예수님은 이미 우리의 판단 기준을 십자가로 삼으셨다. 십자가의 기준은 은혜다.

그렇게 은혜를 입은 우리는, 은혜를 베풀어야 한다.

성경에도 비슷한 예화가 나온다. 주인에게 전 재산을 다 탕감받은 사람이 집으로 가다가 자신에게 돈을 조금 빌린 사람을 만났다. 그러자 그 빚을 빨리 갚으라며 옥에 가둬버렸다. 그러자 그 이야기를 들은 주인이 탕감해준 빚을 다 갚도록 옥졸들에게 넘겨버렸다.

주님은 그 말씀을 듣는 사람들을 향해 '너희들의 이야기다. 너희도 마음으로 형제를 용서하지 않으면 하늘 아버지께서도 이렇게 하실 것이라'고 말씀하셨다.

인간은 다 약한 존재인데, 우리가 누군가를 비판할 수 있을까?

비판은 나의 약함을
우월감으로 덮은 것이다.

그러나 동시에 비판하지 말라고 하셨다고, 분별까지 안 하면 안 된다. 그러면 물에 물 탄 듯, 술에 술 탄 듯 희미하게 살아갈 수밖에 없다. 그러면 구별된 거룩한 하나님의 백성으로 살 수가 없다.

우리는 분별은 분명히 하되, 그 잣대를 남이 아닌 자기 자신에게 대야 한다. '너 그렇게 살면 안 돼'가 아니라 '나 이렇게 살면 안 돼'가 되어야 한다.

그리고 이웃들에게는 무한하게 유연한 사람이 되어야 한다. 쉽지 않다. 그러나 이것이 예수님이 강하게 강조하신 우리 삶의 구체적인 모습이다.

구체적으로 변화되지 않는 신앙생활이 무슨 유익이 되겠는가? 더 나아가 우리는 예수님을 사랑한다고 고백하는데, 인격적으로 예수님의 성품을 닮아가는 모습이 우리 삶에 나타나지 않는다면 어떻게 예수님을 사랑하는 것이겠는가?

저절로 되지는 않는다. 예수님의 말씀을 들었으면, 이제 훈련해야 한다. 숙제로 삼고 삶 속에서 '비판하지 않겠다, 이번 한 주 동안 비판하는 말은 절대 하지 않겠다' 결단하고 애써봐야 한다.

저절로 되지는 않는다.

훈련하라.

숙제로 삼고

삶 속에서 애써보라.

구체적인 변화의 열매가 있는

신앙생활을 하라.

　그 훈련들이 쌓여서 구체적인 삶의 인격적인 변화로 나타날 줄 믿는다.

우리가
걸어야 할
길

PART

4

7 구하라 그리하면 너희에게 주실 것이요 찾으라 그리하면 찾아낼 것이요 문을 두드리라 그리하면 너희에게 열릴 것이니 8 구하는 이 마다 받을 것이요 찾는 이는 찾아낼 것이요 두드리는 이에게는 열릴 것이니라 9 너희 중에 누가 아들이 떡을 달라 하는데 돌을 주며 10 생선을 달라 하는데 뱀을 줄 사람이 있겠느냐 11 너희가 악한 자라 도 좋은 것으로 자식에게 줄 줄 알거든 하물며 하늘에 계신 너희 아 버지께서 구하는 자에게 좋은 것으로 주시지 않겠느냐 12 그러므로 무엇이든지 남에게 대접을 받고자 하는 대로 너희도 남을 대접하라 이것이 율법이요 선지자니라 마 7:7-12

chapter 10

구하고, 열리고

구하면, 주신다?

본문은 산상수훈 중에서도 우리가 가장 잘 아는 말씀일 것이다. 특히 7절 말씀이 가장 유명하다.

"구하라 그리하면 너희에게 주실 것이요 찾으라 그리하면 찾아낼 것이요 문을 두드리라 그리하면 너희에게 열릴 것이니."

하나님께 기도하고 구하면 전지전능하신 하나님께서 우리가 구하고 찾고 두드린 것을 주신다는 말씀 같지만, 본문을 자세히 살펴보면 우리가 알던 의미와는 조금 다르다는 것을 깨닫게 된다.

우선 본문의 결론은 12절이다.

그러므로 무엇이든지 남에게 대접을 받고자 하는 대로 너희도 결론이 이렇게 난다는 것은 이 말씀의 의미가 단순히 우리가 구하는 대로 주신다는 의미가 아닐 것이란 생각이 든다.

또 이 말씀을 들으면 "가는 말이 고와야 오는 말이 곱다"라는 우리나라 속담이 떠오르는데, 이 말씀은 그런 단순한 의미도 아니다.

결론을 말하자면, 하나님 중심으로 살아가는 성도들의 삶의 열매는 '섬김'이란 것이다.

하나님을 사랑하고, 이웃을 사랑하는 것

마태복음 22장 34-40절을 보자.

예수께서 사두개인들로 대답할 수 없게 하셨다 함을 바리새인들이 듣고 모였는데 그중의 한 율법사가 예수를 시험하여 묻되 선생님 율법 중에서 어느 계명이 크니이까 예수께서 이르시되 네 마음을 다하고 목숨을 다하고 뜻을 다하여 주 너의 하나님을 사랑하라 하셨으니 이것이 크고 첫째 되는 계명이요 둘째도 그와 같으니 네 이웃을 네 자신같이 사랑하라 하셨으니 이 두 계명이 온 율법과 선지자의 강령이니라 마 22:34-40

이 말씀이 우리에게 분명하게 가르쳐주는 것은, 하나님 앞에서 우리가 마음을 다하고 목숨을 다하고 뜻을 다하여 하나님을 사랑하라는 것과 또 우리의 이웃을 나 자신같이 사랑하라는 것이다.

십계명을 보면 1계명부터 4계명까지는 '하나님을 사랑하라'는 것이다. 그리고 하나님을 사랑하는 사람은 하나님만으로 만족하라는 것이다. 그리고 5계명부터 10계명까지는 '이웃을 사랑하는 것과 사람과의 관계'에 관한 계명이다. '이웃의 것을 탐하지도 말고, 이웃의 무엇으로 나의 필요를 채우지 말며, 너를 만족하게 하신 하나님으로 충분하니 다른 것을 탐하지 말라'는 것이다.

하나님이 우리에게 원하시는 것은 하나님을 사랑하고 이웃을 사랑하는 것이다. 또한 우리가 기도할 때 하나님이 원하시는 기도의 방향과 태도는 하나님의 뜻이 이 땅에 임하는 것이다. 하나님의 뜻이 이 땅에 임하고, 하나님의 가치가 이 땅에 임하고, 하나님의 행하심이 이 땅에 임하는 것이다.

내가 원하는 것을 기도하면 하나님이 다 들어주시는 것이 아니라, 하나님의 뜻과 하나님의 역사와 하나님의 임재를 간구하는 기도로 우리가 성장하고 성숙해지기를 원하시는 것이다.

거절도 응답이다

우리가 아이를 낳고 아이가 조금 자라 걷고 움직이기 시작할 때 가장 많이 하는 말이 "하지 마. 만지지 마. 뛰지 마" 같은 것들이다. "만져라. 뛰어내려라" 같은 말은 거의 하지 않는다. 그러니 우리가 하나님 앞에 처음 기도하는 기도 제목들도 대체로 하나님이 보시기엔 '아니야. 이건 너에게 필요 없어' 하는 것들일 것이다.

그러나 계속 기도가 자라고 성숙해지면서 하나님의 뜻과 마음을 원하게 되고 하나님을 붙잡게 되면, 그 기도를 통해 하나님의 뜻이 이 땅에 임하고 하나님의 손이 나타나는 놀라운 일이 일어날 것이다. 우리가 그것을 구하는 것이다.

"구하라", 무엇을 구하는가? "찾으라", 무엇을 찾는가? "두드리라", 무엇을 두드리는가? 하나님을 구하는 것이다. 하나님을 찾는 것이다. 하나님을 붙잡는 것이다. 하나님의 뜻과 하나님의 역사를 붙잡는 것이다. 하나님이 은혜 주시기를 원하는 것이다.

그리고 외식하지 않고 겉치레하지 않는 것이다. 앞 장에서 '비판하지 말라'는 것에 관해 배웠다. 우리가 하는 그 비판으로 우리가 비판을 받을 것이며, 우리가 헤아리는 그 헤아림으로 우리가 헤아림을 받을 것이라는 말씀을 배웠다. 다시 말해, 본문에도 나와 있는 '네가 행하는 대로 네가 받는다'는 내용을 앞에서도 배웠다.

본문에서도 주님이 하시는 말씀은 이 땅에서 하나님 중심, 하나님의 가치로 행하는 것이 중요하다는 것과, 기도는 나의 뜻대로 내가 원하는 대로 구하면 하나님이 들어주시는 것이 아니라는 것이다. 만약 내가 원하는 대로 구하기만 하면 하나님이 다 들어주신다? 그렇다면 누가 하나님이고 누가 주인인가? 우리는 그런 하나님을 믿는 것이 아니다. 우리는 하나님의 뜻과 하나님의 역사를 간구하고 갈망하는 것이다.

우리의 한계를 인정하고 하나님의 임재를 구하라

하지만 우리는 우리의 한계를 인정할 수밖에 없다. 우리는 '의'를 만들어 낼 능력이 없는 자들이기 때문이다. 내 안에 의를 추구하는 마음이 너무나 적다. 그 한계를 인정하고 더 이상 의인인 척하는 게 아니라 작은 일이라도 실천하는 것이 중요하다.

그래서 하나님께 기도하여 하나님과 동행하고, 하나님이 함께해주셔서 하나님의 역사와 임재가 나타나기를 기도하는 것이다. 하나님을 구하는 것이다. 내 소원을 찾는 것이 아니라 하나님을 찾는 것이다. 하나님의 임재를 찾고, 하나님의 행하심을 찾아 하나님이 주시는 은혜를 누리는 것이다. 이것은 우리 마음대로 구하여 하나님이 채우시길 원하는, 기복적인 신앙과 너무나 큰 차이가 있는 것이다.

구하라, 찾으라, 문을 두드리라.
내 소원을 찾는 게 아니라
하나님을 찾는 것이다!

물론 우리가 기도할 때 무엇이든지 다 하나님 앞에 아뢸 수 있다. 그러나 중요한 것은, 하나님이 허락하시는 것으로 만족하고 하나님이 주시는 것에 만족하고 기뻐하는 것이다. 그리고 무엇보다도 하나님의 살아 계심과 하나님의 임재가 이 땅에 나타나기를 간구하고 갈망하는 것이다. 우리 안에 이 갈망이 넘치기를 소망한다.

그들을 진리로 거룩하게 하옵소서 아버지의 말씀은 진리니이다 아버지께서 나를 세상에 보내신 것같이 나도 그들을 세상에 보내었고 또 그들을 위하여 내가 나를 거룩하게 하오니 이는 그들도 진리로 거룩함을 얻게 하려 함이니이다 내가 비옵는 것은 이 사람들만 위함이 아니요 또 그들의 말로 말미암아 나를 믿는 사람들도 위함이니 아버지여, 아버지께서 내 안에, 내가 아버지 안에 있는 것같이 그들도 다 하나가 되어 우리 안에 있게 하사 세상으로 아버지께서 나를 보내신 것을 믿게 하옵소서 내게 주신 영광을 내가 그들에게 주었사오니 이는 우리가 하나가 된 것같이 그들도 하나가 되게 하려 함이니이다 곧 내가 그들 안에 있고 아버지께서 내 안에 계시어 그들로 온전함을 이루어 하나가 되게 하려 함은 아버지께서 나를 보내신 것과 또 나를 사랑하심같이 그들도 사랑하신 것을 세상으로 알게 하려 함이로소이다 요 17:17-23

기도는 아버지 안에 거하는 것, 하나님 안에 거하며 하나님 안에서 구하는 것이다. 세상 안에 거하면서 내 마음대로 구하는 것이 아니라 하나님 안에 거하며 하나님의 뜻대로 구하는 것이다. 그래서 하나님이 우리를 사랑하신 것을 세상에 알리는 것, 하나님의 존재와 임재를 세상에 알리는 것을 주님은 원하셨다.

요한복음 15장 7절에도 같은 말씀이 나온다.

너희가 내 안에 거하고 내 말이 너희 안에 거하면 무엇이든지 원하는 대로 구하라 그리하면 이루리라 요 15:7

'구하라, 그러면 이루신다'라고 하셨다. 그런데 전제가 무엇인가? 우리가 하나님 안에 거하는 것, 하나님의 말씀이 우리 안에 거하는 것이다. 그런 전제로 드려지는 하나님 중심의 기도는 '구하면, 하나님이 이루신다'는 것이다. 하나님의 뜻을 바라고, 하나님의 역사를 바라면 하나님께서 역사하신다.

거듭 말하지만, 우리는 하나님 앞에서 무엇이든지 다 구할수 있다. 그러나 우리는 하나님으로 만족해야 한다. 하나님으로 기뻐하는 것이다. 이 땅에 무엇이 있어서, 무엇이 이루어져서 기뻐하는 것이 아니라는 것이다.

리차드 글로버(Richard Glover)는 "어린아이는 어머니가 눈에 보이는 가까운 곳에 있으면 구하고, 어머니가 가까이 있지도 않고 눈에 보이지도 않으면 찾고, 어머니가 방 안에 있어 접근하기 어려우면 문을 두드린다"라고 말했다.

우리는 어린아이같이 그렇게 하나님을 붙잡아야 한다. 하나님을 붙잡고 하나님의 뜻 안에서 하나님의 뜻을 이 땅에 임하게 하여주옵소서, 하늘의 뜻이 이 땅에 임하는데 내가 사용되게 하여주옵소서, 구하고, 찾고, 두드리기를 하나님이 원하신다는 것이다.

그리하여 우리 삶과 가정과 직장과 사업에서 하나님의 살아계심이 드러나는 것은 너무나 귀하고 특별한 일이다.

받은 은혜로, 대접하라

골로새서 1장 18-23절을 보자.

그는 몸인 교회의 머리시라 그가 근본이시요 죽은 자들 가운데서 먼저 나신 이시니 이는 친히 만물의 으뜸이 되려 하심이요 아버지께서는 모든 충만으로 예수 안에 거하게 하시고 그의 십자가의 피로 화평을 이루사 만물 곧 땅에 있는 것들이나 하늘에 있는 것들이 그로 말미암아 자기와 화목하게 되기를 기뻐하심이라 전에 악한 행실로 멀리 떠나 마음으로 원수가 되었던 너희를 이제는 그의 육체의 죽음으로 말미암아 화목하게 하사 너희를 거룩하고 흠 없고 책망할 것이 없는 자로 그 앞에 세우고자 하셨으니 만일 너희가 믿음에 거하고 터 위에 굳게 서서 너희 들은 바 복음의 소망에서 흔들리지 아니하면 그리하리라 이 복음은 천하 만민에게 전파된 바요 나 바울은 이 복음의 일꾼이 되었노라 골 1:18-23

하나님께서 그의 독생자 예수 그리스도의 역사를 통해 십자가의 피로 화평을 이루사 거룩하고 흠 없고 책망할 것이 없는 자로 우리를 하나님 앞에 세우길 원하셨다. 우리는 믿음 안에서 그렇게 되기를 소망하고 기도해야 한다. 거룩을 향하여 몸부림쳐야 한다. 하나님 안에 있고자 기도하는 것이다. 그것을 구해야 한다.

거룩을 향한 선택들은 이 땅의 윤리와 도덕을 뛰어넘는 것이다. 이 땅에서 조금 더 윤리적인 삶을 살기 위해 애쓰는 것이 아니라 거룩한 삶을 추구하는 것이 성도의 삶이다.

하나님의 능력을 구하는 게 아니라 하나님 자체를 구하는 것이다. 이 둘은 굉장히 다르다. 하나님을 구해서 하나님의 임재가 있으면 하나님이 은혜를 주신다. 하나님이 말씀의 은혜를 주시고, 예배에 은혜를 주시고, 하나님 앞에서 그분과 동행하는 함께하심의 은혜를 주신다. 그 하나님의 은혜로 우리는 무엇을 해야 하는가? 남에게 대접하는 것이다.

물질로 대접하는 것이다.

시간으로 대접하는 것이다.

마음으로 대접하는 것이다.

은혜로 대접하는 것이다.

하나님의 말씀을 선포하는 것이다.

어떤 것이 가장 큰 대접일까? 말씀을 전하는 것이다. 교회로 이끄는 것이다. 함께 예배하고 하나님 앞에 드려지는 것이 너무나도 중요한 일이다.

전도한 자가 있으면 그가 계속 신앙생활을 잘할 수 있도록 책임져주고 노력하는 것이 가장 큰 대접이다. 이것이 하나님이 말씀하신 "네 이웃을 사랑하라"의 의미다. 하나님이 주신 은혜와 은사를 이웃을 향해 쓰는 것, 그것이 이웃을 대접하는 것이요 이웃을 내 몸과 같이 사랑하는 것이다.

내가 아플 때 내가 얼마나 아픈지, 사람들은 모른다. 다른 사람이 아플 때 그가 얼마나 아픈지, 우리는 잘 모른다. 그러니 우리가 이웃을 사랑하면 얼마나 사랑하겠는가? 그저 애쓰는 것이다. 우리 몸을 아끼는 만큼 사랑해보라는 것이다. 주님이 우리에게 원하시는 것이 이것이다.

"하나님을 구하고, 하나님의 임재를 구하고, 하나님의 역사를 구하며 하나님을 전적으로 사랑하고, 이웃을 내 몸과 같이 사랑하는 것."

하나님이 우리에게 주신 계명은 이 한 문장으로 설명할 수 있다. 즉 본문의 '구하라, 찾으라, 두드리라'는 우리가 원하는 것을 우리 마음대로 구하면, 찾으면, 두드리면 하나님이 우리에게 주실 것이란 뜻이 아니다. 하나님 안에서 구하라. 하나님을 구하라. 하나님을 찾으라. 그러면 하나님이 우리에게 가장 좋은 것을 주실 것이다.

악한 자도 자녀에게는 좋은 것을 준다고 했는데, 하나님은 우리에게 가장 좋은 것을 주신다. 그것은 하나님의 임재다. 하나님의 뜻이 이 땅에 임하는 것이다. 이 땅의 풍요로움이 아니란 말이다. 그럴 때 우리는 과연 얼마나 만족하며 살아갈 수 있을까?

전 세계적으로 볼 때 우리나라는 굉장한 부자 나라다. 밥 굶는 사람 없고, 풍족히 누리는 것 많은 우리나라가 과연 어떻게 하나님을 섬기고 있는가? 우리보다 누릴 것이 적은 가난한 나라들도 하나님을 기뻐하고 하나님을 찬양하는데, 우리는 어떻게 살아가고 있는가? 우리가 인생을 어떻게 살아가고 있는지 고민해봐야 한다.

하나님이 이미 주신 것이 많다. '하나님, 저 이것 이만큼만 주시면 제가 하겠습니다'라고 기도하는 것은 안 된다. 그것은 다 외식이다. 하나님이 지금 주신 것, 그것으로 남을 대접하는 것이다. 밥도 사고, 커피도 사고, 마음으로 애쓰고, 전도해야 한다. 우리는 하나님 앞에서 은혜 받아서 남을 살리는 사람이다. 이것이 본문 말씀의 결론이다.

하나님이 주신 것에 만족하는 삶

그러나 무엇이든지 내게 유익하던 것을 내가 그리스도를 위하여 다 해로 여길뿐더러 또한 모든 것을 해로 여김은 내 주 그리스도 예수를 아는 지식이 가장 고상하기 때문이라 내가 그를 위하여 모든 것을 잃어버리고 배설물로 여김은 그리스도를 얻고 그 안에서 발견되려 함이니 내가 가진 의는 율법에서 난 것이 아니요 오직 그리스도를 믿음으로 말미암은 것이니 곧 믿음으로 하나님께로부터 난 의라 내가 그리스도와 그 부활의 권능과 그 고난에 참여함을 알고자 하여 그의 죽으심을 본받아 어떻게 해서든지 죽은 자 가운데서 부활에 이르려 하노니 내가 이미 얻었다 함도 아니요 온전히 이루었다 함도 아니라 오직 내가 그리스도 예수께 잡힌 바 된 그것을 잡으려고 달려가노라 빌 3:7-12

사도 바울도 이미 얻었다 함도 아니고, 온전히 이루었다 함도 아니라고 했다.

그러나 가장 유익하고 고상한 지식, 예수 그리스도를 붙잡고 주님이 원하시는 믿음으로 하나님께서 주신 그분의 의로 이 땅을 살아간다는 것이다. 그것이 무엇인가? 하나님의 뜻이 이 땅에 임하는 것이다.

어느 유명한 신학자가 이런 말을 했다.

"기도는 너무 강력하여 하나님이 다 들어주시면 안 된다."

기도는 너무나 강력하여 하나님이 다 들어주시면 세상이 마비된다는 것이다. 왜냐하면 우리의 기도는 이기적일 수밖에 없기 때문이다.

그러니 하나님의 뜻을 구하고, 하나님의 임재를 구하고, 하나님의 역사를 구하고, 하나님을 구하는 우리가 되기를 원한다. 그럴 때 하나님이 우리의 부족함을 채우실 것이다. 하나님이 주시지 않는 것은 욕심내지 않고, 하나님이 주신 것으로 만족하는 우리가 되기를 소망한다.

하나님으로 만족하게 하옵소서!
하나님의 마음이 내 마음에 있어서
하나님이 원하시는 것에 내가 쓰임 받게 하옵소서!

하나님이 주신 것으로 남을 대접하고

이웃을 섬기게 하옵소서!

¹³ 좁은 문으로 들어가라 멸망으로 인도하는 문은 크고 그 길이 넓
어 그리로 들어가는 자가 많고 ¹⁴ 생명으로 인도하는 문은 좁고 길
이 협착하여 찾는 자가 적음이라 마 7:13,14

chapter **11**

생명의 문으로 들어가라

단 하나를 붙잡는 것

우리가 이 세상에서 삶을 살아갈 때, 단 한 가지를 선택해야 한다면 어렵다. 여러 가지를 선택하거나 결합된 것을 선택하는 것은 쉽지만, 단 한 가지만을 선택하라고 하면 쉽지 않다.

그러나 우리가 신앙생활을 할 때는 안이한 혼합주의는 절대로 안 된다. 하나님이 주신 진리 하나를 붙잡아야지, 이것도 붙잡고 저것도 붙잡거나, 여러 가지를 합쳐서 취하려는 것은 절대로 안 된다. 예수님은 우리에게 편안한 해결책을 허용하지 않으신다. 우리가 이 땅에서 살아가면서 편안하게 해결하고, 편안하게 하나님 보시기에 아름다운 일을 선택하기란 불가능하다.

성경을 보면 선이 등장하면 악이 있고, 천국이 있으면 지옥이 있고, 생명이 있으면 죽음이 있다. 시편 1편을 보면, 의인의 길과 악인의 길이 나온다. 의인의 길은 하나님이 원하시는 길이요, 형통한 길이며, 악인의 길은 멸망의 길이라고 말씀한다. 안락하고 넓은 쉬운 길, 모든 것을 허용하고 모든 것을 받아주어 인간의 욕구를 다 표출하는 길은 주님이 원하시는 길이 아니다. 주님은 우리에게 분명히 말씀하셨다.

"좁은 문으로 들어가라."

우리가 들어가야 하는 생명의 문은 좁은 문이며, 우리가 가는 예수님의 길은 좁은 길이다. 십자가를 지고 가셨던 예수님처럼 우리도 우리의 십자가를 지고 그분을 따라가야 한다.

이런 말씀을 들으면 '나는 과연 지금 좁은 길로 걸어가고 있는가?' 의문이 든다. 그리고 '내 인생엔 어렵고 힘든 일만 있는 것일까?' 걱정도 된다.

내가 가끔 청년들에게 고민거리나 신앙의 질문들을 받아서 대답해주곤 하는데, 가장 많은 고민이 이런 것이다.

"직장생활이 어려워요. 직장 상사가 어렵게 해요."

그러면서 그들이 원하는 대답이 있다.

'너는 소중하고 귀하고 아름다운 사람인데, 정말 이상한 사람을 만나서 네가 고생이 많구나. 너는 참 귀한 사람인데 너의 직장이 너를 알아보지 못해서 안타깝구나.'

이런 대답들을 원하며 고민들을 던진다. 하지만 나는 주로 이런 얘기들을 해준다.

"직장 상사도 널 만나서 힘들어."

이런 어려움들로는 우리가 좁은 길을 가고 있다고 말하기 어렵다.

우리의 삶을 돌아보며 '우리가 가는 길이 진정한 좁은 길인가' 아무리 묵상해봐도 그렇지 않은 것 같다.

보통 '좁은 길을 간다'라고 하면 고통과 연관시킨다. 좁은 길을 가는 사람들은 뭔가 큰 환난을 겪으며 살아가는 사람들이라고 여긴다. 하지만 좁은 길은 주님이 함께하시는 길이고, 주님과 동행하는 길이며, 예수님과 함께하는 삶은 그런 게 아니다.

영광과 승리의 길

우리는 세상 사람들이 많이 누리는 것들, 세상 가치의 눈으로 볼 때 넓은 길을 누리는 것은 아니다. 왜냐하면 우리의 가치가 달라졌기 때문이다. 우리는 하나님 중심의 가치로 살아가는 사람들이다.

하나님의 사람들은 하나님의 가치를 붙잡고 하나님의 가치로 살아가다 내 생각이 바뀌기 시작한다. 내 생각이 바뀌니까 내 삶이 바뀐다.

그리고 세상에서 우리를 볼 때는 굉장히 좁은 길을 가는 것처럼 보이지만, 실상 우리같이 전적으로 타락한 존재가 예수님의 영광을 위해 살아간다는 것은 기적이다. 타락한 존재가 예수님의 십자가를 함께 지고 주님이 원하시는 길을 걸어간다는 것은 너무나도 영광스러운 길이다. 그래서 이 좁은 길은 고통으로 가득한 길이 아니라 영광스럽고 승리하는 길이고, 예수님을 만나는 길이며, 예수님이 계시는 길이다.

이 길은 하나님의 살아 계심과 하나님의 역사와 하나님의 말씀을 체험하며 살아갈 수 있는 유일한 생명의 길이다. 이 길은 내가 열심히 노력해서 겨우겨우 지나다가 예수님을 만나는 길이 아니라, 예수님과 한 걸음 한 걸음 동행하는 길이다.

세상에서 볼 때는 미련한 길이요, 좁은 길이요, 정말로 어려운 길이지만 예수 그리스도가 세상에서 가장 귀하고 소중한 하나님의 사람들에게 이 길은 승리의 길이요, 영광스러운 길이요, 기쁨의 길이요, 하나님을 체험하는 길이다. 그래서 이 길은 우리에게 고통스럽고 고난이 가득한 길이 아니다.

세상의 가치로는 절대 불가능하다.

가치관이 변화되어야 좋은 길로 갈 수 있다.

그 좁은 길은 세상이 바라보는 눈이다.

예수를 알고 나면 그 길은 영광스럽고 승리하는 길이다.

그 길에 쉼이 있다

수고하고 무거운 짐 진 자들아 다 내게로 오라 내가 너희를 쉬게 하리라 나는 마음이 온유하고 겸손하니 나의 멍에를 메고 내게 배우라 그리하면 너희 마음이 쉼을 얻으리니 이는 내 멍에는 쉽고 내 짐은 가벼움이라 하시니라 마 11:28

하나님께서 우리에게 쉼을 주신다고 하신다. 넓고 화려한 길을 걷는 현대인들이 쉼과 힐링을 가장 많이 찾는다. 세상이 평탄한 것 같지만, 그 길은 넓고 편한 것 같지만 왜 화려한 세상을 사는 현대인들이 그렇게 쉼을 찾아 헤맬까? 왜 마음의 질병을 앓고 있는 사람들이 그렇게 많을까? 그것은 아프고 힘들기 때문이다.

세상의 평탄하고 화려한 길 속에는 평안이 없기 때문이다.

평안은 하나님께 있다. 평안은 하나님과 함께하는 좁은 길에 있다.

나도 아들 둘을 키우면서 많이 겪었지만, 아이들은 잠시만 눈을 돌리면 눈 깜짝할 사이에 위험한 데 가 있고, 높은 데 올라가 있다. 그러면 "빨리 내려와라, 다친다, 큰일난다" 얼마나 소리를 치고 잔소리를 하는가? 내가 어릴 때 고모네와 잠시 함께 살았던 때가 있었는데, 그때 내가 높은 곳에 올라가 있으면 어머니, 아버지는 "빨리 내려와라. 안전한 데 있어라" 하시는데 고모는 "놔둬. 한번 떨어져서 다쳐봐야 다시는 위험한 데 안 올라가"라고 하셨다.

부모님은 사랑하는 자녀를 안전한 곳으로 인도한다. 좁은 길은 안전한 곳이다. 고통의 길이 아니고, 어렵고 힘든 길도 아니다. 좁은 길은 예수님이 계신 길이다. 좁은 길은 하나님을 체험하는 길이다.

천국과 지옥에 큰 차이가 있겠지만, 가장 큰 차이는 하나님이 계시는가 안 계시는가의 차이이다. 지옥에는 하나님이 안 계신다. 우리 삶의 지옥이 언제 시작되는가? 하나님이 안 계실 때, 하나님을 모시지 않을 때, 그때 우리 삶의 지옥이 시작된다.

망하는 길과 승리하는 길

시편 1편은 형통의 길과 망하는 길에 대해 말씀한다.

복 있는 사람은 악인들의 꾀를 따르지 아니하며 죄인들의 길에 서지 아니하며 오만한 자들의 자리에 앉지 아니하고 시 1:1

넓은 길, 세상이 가는 길, 세상이 추구하는 길을 가면 망한다. 큰 문과 넓은 길의 결론은 망함이요 멸망이다.

예수께서 이르시되 내가 곧 길이요 진리요 생명이니 나로 말미암지 않고는 아버지께로 올 자가 없느니라 요 14:6

예수님 자체가 길이시다. 예수님이 그 좁은 길에 우리와 함께 계신 것이다.

예수님은 우리에게 좁은 길로 가라고 하시면서, '네가 한번 열심히 해봐. 좁은 길이야. 이쪽으로 걸어야 해. 평탄하고 화려한 길로 가면 안 돼. 넌 이 길로 걸어. 나는 저 끝에서 기다릴게. 너희 중에 되는 사람은 되고 안 되는 사람은 할 수 없지'라고 말씀하지 않으신다. 우리 주님은 우리와 그 길을 같이 걷겠다고 하신다.

'좁은 길로 가야 해. 그런데 내가 너와 함께할 거야. 한 걸음 씩 함께 걸을 거야. 네가 힘들 땐 내가 너를 업고 걸을 거야. 걱정하지 마. 근심하지 마. 내가 너와 함께 있어.'

아무리 생각해도 우리가 가야 하는 이 길은 고통의 길, 어려움의 길, 눈물과 희생의 길인 것만은 아니다. 세상의 가치로 바라볼 때는, 세상의 것을 선택하지 않기 때문에 좁은 길, 험난한 길이 될 수 있으나 하나님이 전부인 하나님의 사람들에게 이 길은 좁은 길이 아니라 영광의 길이고 승리의 길이며 능력의 길이 되는 것이다.

우리는 이 길을 주님과 함께 걷는 것이다. 하나님과 동행하는 자들에게는 이 길밖에 없다. 이 길이 유일한 길이다.

생각이 바뀌면 삶이 바뀐다

그러므로 나의 사랑하는 자들아 너희가 나 있을 때뿐 아니라 더욱 지금 나 없을 때에도 항상 복종하여 두렵고 떨림으로 너희 구원을 이루라 빌 2:12

우리가 두렵고 떨림으로 복종하여 구원을 이루는 방법은, 십자가 지고 좁은 길로 가는 것이다. 주님만을 바라보며 제자의 길로 걸어가는 것이다. 주님과 동행하는 것이다. 세상을 붙잡지 않고, 주님의 것을 붙잡는 것이다.

전적으로 타락한 죄인인 우리가 영광의 하나님께서 허락하신 이 길을 걷는다는 것은 너무나 감격스러운 일이지, 결코 고통이 아니다.

우리는 대체로 이 세상에 마음을 두고 이 세상에 갇혀 지내고 있다. 그러면서 어떻게 하면 이 굴레에서 해방될 것인가를 고심하는 경우가 많다. 세상이 평탄해 보이고 넓어 보이기 때문에 섣불리 그 길에서 돌이키는 게 쉽지 않다. 하지만 세상의 길이 아무리 넓어 보여도, 이 길이 아무리 좁아 보여도 진정한 평안은 예수님과 함께하는 이 길에 있다. 그러니 이 길이 어떻게 고통의 길이겠는가? 이 길은 진리의 길이다. 이 길은 거룩하고 구별된 길이다.

가치가 바뀌면, 생각이 바뀐다.
생각이 바뀌면 삶이 바뀐다.
예수를 믿으면 그 사람은 분명히 드러난다.

아이를 보면 그 부모님과 판박이처럼 닮은 경우가 많다. 한 집에서 살다 보니 생김뿐만 아니라 행동이나 습관도 닮아 있는 경우가 많다. 가족이기 때문에 닮았고, 함께하기 때문에 닮았다. 그런데 누군가 우리와 시간을 보낸 후에 "당신은 정말 하나님의 사람이군요. 당신이 걷고 있는 길은 다르군요"라는 말을 들어본 적이 있는가?

우리가 사용하는 시간의 결과가 하나님의 의를 드러내기를 바란다. 커피 한 잔에 잡스러운 이야기를 담지 말고, 하나님의 의를 담으라. 우리의 커피 한 잔의 결론이 '당신은 하나님의 사람이군요'가 되기를 소망한다. 그것이 예수님을 믿는 것이며, 예수님과 동행하는 자의 삶의 모습이다.

그 길의 결과는 이미 승리

이것을 너희에게 이르는 것은 너희로 내 안에서 평안을 누리게 하려 함이라 세상에서는 너희가 환난을 당하나 담대하라 내가 세상을 이기었노라 요 16:33

예수님은 우리에게 '걱정하지 마라. 날 믿어라'라고 말씀하신다. 때로는 우리가 좁은 길을 걷다가 어려운 일을 당할 때가 있을지라도 '담대하라'라고 하신다. 예수님이 이미 세상을 이기셨기 때문이다.

야구 경기나 축구 경기 같은 스포츠를 보다 보면, 가끔 어마어마한 역전승을 거둘 때가 있다. 경기를 보는 내내 손에 땀을 쥐며 긴장했을 것이다.

그런데 그 경기를 재방송으로 본다고 생각해보자. 그때도 생방송으로 볼 때처럼 상대방이 점수를 낸다고 실망하고 힘들어하겠는가? 아니다. 재방송을 볼 때 우리는 이미 경기의 결과를 알고 보기 때문에, 상대방이 골을 아무리 많이 넣어도 상관이 없다. 역전한다는 것을 알기 때문이다.

우리의 삶에 어려운 일이 중간중간 생기고, 때로는 넘어질 때도 있지만 주 예수 그리스도께서 이미 이기셨다. 좁은 길은 승리의 길이고, 우리는 예수님과 함께 그 승리의 길을 걷고 있는 것이다. 그러니 이 길을 그저 '좁다'라고만 말할 수 있을까? 세상에서 바라볼 때나 좁지, 우리에게는 이 길밖에 없다. 우리에게는 이 길이 기쁨이다.

우리가 가야 할 좁은 길이 십자가를 지고 가는 정말 어렵고 힘들고 고통스러운 길이면, 주님이 "항상 기뻐하라"라고 말씀하셨겠는가? 그런 길이 아니기에 "항상 기뻐하라"라고 말씀하실 수 있으셨다.

간혹 예수 안 믿는 사람들이 교회 다니는 남자들을 볼 때, 정말 신기하게 생각하고 이해 못 하는 것이 있다. 그것은 예수 믿는 남자들은 어떻게 술도 없이 저렇게 오랫동안 얘기를 하느냐는 것이다. 세상 사람들의 모임엔, 특히 남자들의 모임엔 술이 반드시 껴 있다. 술 없이는 대화하는 게 어렵기 때문이다. 그러나 예수 믿으니 달라진다. 가치가 달라지는 것이다. 하나님 앞에서 이 길을 걸으며 영광을 맛보고, 승리를 맛보고, 평안을 맛보고, 기쁨을 맛보았기 때문에 달라지는 것이다. 그러니 이 길은 기쁨의 길이지 좁은 길이 아니다.

주님과 동행함을 맛본 사람들에게는
이 길밖에 없다. 다른 길이 없다.
영광의 길이고, 간증의 길이고, 임재의 길이다.
부족함은 하나님의 임재와 은혜로 채운다.

자기를 부인하고, 십자가를 지고, 주님을 따르라

이때로부터 예수 그리스도께서 자기가 예루살렘에 올라가 장로

들과 대제사장들과 서기관들에게 많은 고난을 받고 죽임을 당하고 제삼일에 살아나야 할 것을 제자들에게 비로소 나타내시니 베드로가 예수를 붙들고 항변하여 이르되 주여 그리 마옵소서 이 일이 결코 주께 미치지 아니하리이다 예수께서 돌이키시며 베드로에게 이르시되 사탄아 내 뒤로 물러 가라 너는 나를 넘어지게 하는 자로다 네가 하나님의 일을 생각하지 아니하고 도리어 사람의 일을 생각하는도다 하시고 이에 예수께서 제자들에게 이르시되 누구든지 나를 따라오려거든 자기를 부인하고 자기 십자가를 지고 나를 따를 것이니라 마 16:21-24

우리가 좁은 길로 가는데, 예수님이 분명하게 어떻게 하라고 하셨는가?

첫째는 자기부인이다. 쉽게 말해서 '나는 죽고 주님이 사시는 것'이다. 둘째는 자기 십자가를 지고 주님을 따르는 것이다. 그러나 주님이 함께하신다는 것이다.

세상에서 볼 때 이 일은 너무나도 어렵고 힘들고, 왜 이렇게 살아야 하나 싶을 수도 있다. 하지만 주님과 함께함을 체험하고, 우리를 살려주신 주님의 은혜와 사랑을 경험한 사람은 주님과 함께하는 이 길을 가장 기뻐하며 올인할 것이다.

우리가 정말로 하나님의 사람으로 살아 우리를 만나는 이들마다 하나님을 볼 수 있게 되기를 바란다. 그것이 하나님의 사람의 능력이다.

그러므로 내가 이것을 말하며 주 안에서 증언하노니 이제부터 너희는 이방인이 그 마음의 허망한 것으로 행함같이 행하지 말라 그들의 총명이 어두워지고 그들 가운데 있는 무지함과 그들의 마음이 굳어짐으로 말미암아 하나님의 생명에서 떠나 있도다 그들이 감각 없는 자가 되어 자신을 방탕에 방임하여 모든 더러운 것을 욕심으로 행하되 오직 너희는 그리스도를 그같이 배우지 아니하였느니라 진리가 예수 안에 있는 것같이 너희가 참으로 그에게서 듣고 또한 그 안에서 가르침을 받았을진대 너희는 유혹의 욕심을 따라 썩어져 가는 구습을 따르는 옛 사람을 벗어 버리고 오직 너희의 심령이 새롭게 되어 하나님을 따라 의와 진리의 거룩함으로 지으심을 받은 새 사람을 입으라 엡 4:17-24

하나님은 "의와 진리의 거룩함으로 지으심을 받은 새 사람을 입으라"라고 말씀하신다. 우리의 삶으로 좁은 길을 걸어가는 것이 선포되기를 원한다. 예수 그리스도의 살아 계심이 우리의 인생과 호흡을 통해서 이 땅에 나타나기를 소망한다. 우리가 정말 그렇게 살면 좋겠다.

진짜 성도가 되자. 천국 가는 믿음으로 살자. 지금 시대가 너무 답답하다. 가끔은 목회자인 것이 부끄러울 만큼 비상식적인 일들도 벌어지는 시대다. 그러나 우리는 진짜 성도가 되어야 한다. 진짜 성도는 가는 길이 다르기 때문에 눈에 띈다. 우리가 누군가를 만날 때마다 그 만남 가운데서 하나님이 나타나야 한다. 주님의 향기가 나타나야 한다.

제발 "어떻게 너 같은 사람도 교회를 다니니?" 같은 말은 이제 그만 듣자. "어떻게 하면 당신처럼 살 수 있습니까? 어떻게 하면 당신처럼 기뻐할 수 있습니까? 어떻게 하면 당신처럼 평안할 수 있습니까?"라는, 세상과 다른 길을 걷는 자의 향기가 나타나기를 바란다.

좁은 길을 제대로 걸으면 그 길에 능력이 있다.
좁은 길을 제대로 걸으면 그 길에 평안이 있다.
좁은 길을 제대로 걸으면 그 길에 능력이 있다.
그 길은 승리의 길이다.

감각 없는 자같이 되어 이 땅의 더러운 것을 행하며 살지 말고, 의와 진리에 거룩하심으로 지으심을 받아 새 사람을 입는 우리 모두가 되기를 소망한다.

주님과 함께, 그 길을 걷는 삶

그가 모든 사람을 대신하여 죽으심은 살아 있는 자들로 하여금 다시는 그들 자신을 위하여 살지 않고 오직 그들을 대신하여 죽었다가 다시 살아나신 이를 위하여 살게 하려 함이라 그러므로 우리가 이제부터는 어떤 사람도 육신을 따라 알지 아니하노라 비록 우리가 그리스도도 육신을 따라 알았으나 이제부터는 그같이 알지 아니하노라 그런즉 누구든지 그리스도 안에 있으면 새로운 피조물이라 이전 것은 지나갔으니 보라 새것이 되었도다

고후 5:15-17

그리스도 안에서 이전 것은 지나갔고 새것이 되었다. 새 길을 걷고, 새 길의 능력을 선포하고, 하나님의 살아 계심과 하나님의 역사를 선포하는 하나님의 사람이 되자. 우리가 진짜 믿음으로 산다는 것은 이 길을 걷는다는 것이다.

가만히 서 있는 것이 아니라 걸어가는 것이다.
주님과 함께.

이 길을 걷다가 지치고 힘들어서 포기하고 싶어질 때면, 주님

이 우리를 업고 걸어주신다. 우리가 주님 앞에서 진짜 교회가 된다.

주님의 마음을 이 땅에 알리는 사람이 되자. 이 길의 능력과 평안을 선포하는 사람이 되자. 세상의 평탄하고 화려한 길을 포기하고 이 길을 걸어가는 능력의 선포자가 되길 소원한다.

그래서 이 땅의 가치로 내 마음이 흔들리는 것이 아니라 하나님의 놀라운 가치를 붙잡고 예수님의 이름의 능력으로 사는 하나님의 사람이 되길 바란다. 우리, 그렇게 살다가 예수님을 만나자.

¹⁸ 좋은 나무가 나쁜 열매를 맺을 수 없고 못된 나무가 아름다운 열매를 맺을 수 없느니라 ¹⁹ 아름다운 열매를 맺지 아니하는 나무마다 찍혀 불에 던져지느니라 ²⁰ 이러므로 그들의 열매로 그들을 알리라 ²¹ 나더러 주여 주여 하는 자마다 다 천국에 들어갈 것이 아니요 다만 하늘에 계신 내 아버지의 뜻대로 행하는 자라야 들어가리라 … ²⁴ 그러므로 누구든지 나의 이 말을 듣고 행하는 자는 그 집을 반석 위에 지은 지혜로운 사람 같으리니 ²⁵ 비가 내리고 창수가 나고 바람이 불어 그 집에 부딪치되 무너지지 아니하나니 이는 주추를 반석 위에 놓은 까닭이요 ²⁶ 나의 이 말을 듣고 행하지 아니하는 자는 그 집을 모래 위에 지은 어리석은 사람 같으리니 ²⁷ 비가 내리고 창수가 나고 바람이 불어 그 집에 부딪치매 무너져 그 무너짐이 심하니라

마 7:18-27

chapter 12

열매 맺는 삶

위대한 가르침의 결론

예수님의 산상수훈 설교의 마무리다. 예수님은 결론을 이렇게 내셨다.

'듣는 것으로 끝나지 말고, 행하라. 그러면 열매로 나타날 것이다.'

마태복음 7장 15,16절에 보면, 예수님은 거짓 선지자들이 늘어날 것이라고 말씀하셨다. 예레미야 선지자도 구약에서 가짜 선지자와 가짜 교사들이 이 땅에 많을 것이라고 예언했다.

그리고 주님은 그들을 뭐라고 설명하시냐면, '노략질하는 이리'라고 하신다. '노략질하는 이리'가 무엇인가? 목회자나 선지자라 하는 자들이 자기 이익이나 명성이나 권세나 탐욕을 보이면 그들이 '노략질하는 이리'다. 그리고 하나님은 그런 거짓 교사들과 거짓 선지자들이 많다고 경고하셨다. 그러니 우리가 분별하여 하나님 앞에서 온전하게 신앙생활하지 않으면, 우리는 넘어지고 말 것이란 말씀이다.

오늘날 우리는 교회가 무너지는 안타까운 현실 속에서 살아가고 있다. 그럼에도 불구하고, 하나님이 우리에게 원하시는 것은 우리가 삶에서 하나님이 말씀하신 것을 행하여 열매로 나타나는 것이다. 신앙의 말이나 거룩한 겉치레가 아니라 열매로 나타나는 믿음을 바라신다.

사실 거룩한 척 말하는 사람 치고 거룩한 사람이 없다. 대체로 겸손한 척하는 사람 중에 겸손한 사람이 없다. 그러니 우리는 '척'할 필요가 없다. 하나님은 정확하게 보고 계시기 때문이다.

좋은 열매를 맺는 삶

주님은 우리에게 삶의 열매로 보시겠다고 말씀하시면서 이렇게 말씀하셨다.

"좋은 나무가 나쁜 열매를 맺을 수 없고 못된 나무가 아름다운 열매를 맺을 수 없느니라 아름다운 열매를 맺지 아니하는 나무마다 찍혀 불에 던져지느니라."

주님은 이렇게 우리에게 열매를 말씀하시는데, 성경은 성령의 열매를 선포한다. 성령의 아홉 가지 열매는 다 성품과 행동 영역에 대한 부분이다. 단 하나도 성령의 은사에 대한 부분이 아니다. 삶이 변화되지 않으면, 생각이 변화되지 않으면, 선택이 변화되지 않으면, 행동이 변화되지 않으면 성령의 사람이 아니라는 것이다.

'성령'에 대해 생각할 때 우리는 대개 '성령의 은사'에 대해서 생각한다. 그러나 하나님의 관심은 우리의 성품에 있다. 은사는 도구다. 아름답고 능력 있는 도구다. 그래서 그것을 업신여기면 안 된다. 그러나 그럼에도 불구하고 성령의 열매는 은사가 아니라 성품에 관한 것이다. 행동이 따라야 한다는 것이다.

그런즉 그들을 두려워하지 말라 감추인 것이 드러나지 않을 것이 없고 숨은 것이 알려지지 않을 것이 없느니라 마 10:26

감추인 것이 드러나지 않을 것이 없다고 하셨다. 하나님 앞에 때가 되면 다 드러난다는 것이다. 우리가 아무리 다 숨기고, 열매를 맺은 척하고, 거룩한 척해도 때가 되면 하나님 앞에 다 드러난다는 것이다. 사람은 속일 수 있어도 하나님 앞에서 영원히 감출 수는 없다. 그러니 우리는 하나님을 제대로 믿기 위해 정신을 바짝 차려야 한다.

어떤 영향력을 갖겠는가?

망령되고 헛된 말을 버리라 그들은 경건하지 아니함에 점점 나아가나니 그들의 말은 악성 종양이 퍼져나감과 같은데 그중에 후메내오와 빌레도가 있느니라 진리에 관하여는 그들이 그릇되었도다 부활이 이미 지나갔다 함으로 어떤 사람들의 믿음을 무너뜨리느니라 딤후 2:16-18

하나님 앞에 말로 온전하게 인정받고 살아가는 사람이 있는가 하면, 망령되고 헛된 말을 하여 악성 종양같이 퍼져나가는 사람이 있다는 것이다. 후메내오와 빌레도 같은, 공동체 안에 있는 사람들이다. 그들은 그리스도의 공동체 안에 있으면서도 망령되고 헛된 말을 하고, 그 말들이 확산되고 악성 종양같이 퍼져나가는 것이다.

우리의 말에 그런 영향력이 있다. 망령된 말은 악성 종양같이 퍼져나가고, 또 진실된 거룩한 말 역시 열매를 통하여 드러난다. 하나님의 임재와 그분의 행하심과 하나님의 살아 계심이 우리의 삶을 통해서 드러날 수도 있고, 또 우리의 말과 행동과 삶을 통해 악성 종양과 같은 인생을 살 수도 있다.

단순히 말로만 하는 신앙고백을 조심해야 한다.
말로만 하는 신앙고백은 위험하다.

본문인 마태복음 7장 21-23절을 보자.

나더러 주여 주여 하는 자마다 다 천국에 들어갈 것이 아니요 다만 하늘에 계신 내 아버지의 뜻대로 행하는 자라야 들어가리라 그날에 많은 사람이 나더러 이르되 주여 주여 우리가 주의 이름으로 선지자 노릇 하며 주의 이름으로 귀신을 쫓아내며 주의 이름으로 많은 권능을 행하지 아니하였나이까 하리니 그때에 내가 그들에게 밝히 말하되 내가 너희를 도무지 알지 못하니 불법을 행하는 자들아 내게서 떠나가라 하리라 마 7:21-23

주님은 뭐라고 말씀하시는가? "주여 주여" 말로만 고백한다고 다 천국에 들어갈 것이 아니라 아버지의 뜻대로 행하는 자들만 천국에 들어간다고 하셨다.

내가 말로 고백했다고 해서 내가 그렇게 사는 것이 아니다. 내가 그 말씀을 듣고 안다고 해서 그 말씀대로 사는 것이 아니다. 그렇게 산다는 것은 열매, 즉 성품의 열매를 통해서 드러나는 것이다. 향기가 나타나는 사람의 삶이 하나님이 함께하시는 삶이다.

좁은 길을 걷는 삶이 열매를 맺는다

그래서 우리는 말이 아니라 가치관이 변화되고, 하나님 앞에서 온전하게 살기를 원하고, 좁은 문과 좁은 길로 걸어가야 하는 것이다.

이 세상 사람들이 보기에는 너무나 좁은 길이지만, 마땅히 죽어야 했던 우리를 살리신 예수 그리스도를 만난 은혜를 체험한 하나님의 사람들에게는 그 길밖에 없다. 그 길은 영광의 길이요, 능력의 길이다. 그 길은 하나님이 함께하시는 길이다. 우리가 그것을 나타내야 하는 것이다. 말이 아니라 능력으로, 그 길을 걸어갈 때 드러나는 삶의 열매로 이 땅에 선포하는 것이다.

신앙은 열매로 선포되는 것이다. 우리의 삶의 모습이, 행동이, 삶 자체가 하나님이 원하시는 삶이 될 때 우리는 하나님의 사람이 되는 것이다. 그래서 예수님은 "주여 주여 하는 자마다 다 천국에 들어갈 것이 아니요"라고 단호히 말씀하셨다.

더 나아가서 예수님은 이렇게 말씀하셨다. 그날에 많은 사람이 "주의 이름으로 선지자 노릇 하며 주의 이름으로 귀신을 쫓아내도", 다시 말해서 주의 이름으로 목사가 되고 능력이 나타났어도 주님은 그들을 모른다고 하셨다. 그러면서 "불법을 행하는 자들아 내게서 떠나가라"라고 하셨다. 예수님이 그냥 모른다고 하는 정도가 아니라 '너희는 불법을 행했으니 떠나가라'라고 하신다는 것이다.

그들은 "주여 주여" 했다. 겉으로는 주님의 일을 한 것 같다. 그러나 마음의 열매가 세상이고, 그 마음의 열매가 욕심이라면, 내 생각과 내 감정에 지배되는 인생을 하나님은 '불법을 행하는 자'라고 말씀하신다. 왜냐하면 하나님은 하나님 중심으로, 하나님의 가치로, 하나님의 은혜로, 하나님의 행하심으로, 하나님의 뜻대로 사는 하나님의 사람을 원하시기 때문이다.

그래서 말씀을 듣는가의 여부가 그렇게 중요한 게 아니다. 그 말씀을 듣고 행하는 것, 삶 속에서 그 들은 말씀을 지켜 열매를 맺는 것이 중요하다. 우리에게 삶의 행함이 있기를 소원한다. 우리의 삶 속에 말씀대로 행하고 살아가는 역사가 있기를 소원한다. 그럴 때 삶의 열매로 하나님 앞에 인정을 받게 된다.

행하지 않으면 아무 소용 없다

예수님은 마태복음 5장부터 7장에 걸쳐 산상수훈으로 정말 많은 선포와 가르침을 주셨다. 그 말씀을 들으며 사람들은 탄복하고 놀랐다. 그리고 예수님은 그 긴 가르침의 결론을 이렇게 내신 것이다.

'너희들이 이 말씀을 다 들었으면, 이제 행해야 해. 듣고 행하지 않으면 아무 쓸모가 없어.'

우리가 말씀을 듣고, 예배를 드리는 것으로 끝나면 아무 소용이 없다. 우리의 일상이 좁은 길로 걸어가는 삶이 되고, 좁은 길이 진정 기쁨의 길이라고, 행복의 길이라고 외치는 일상이 되어 삶으로 나타나야 한다. 그 삶의 열매가 하나님 앞에 인정을 받는 것이다.

그런데 우리는 조금만 힘들게 신앙생활하면 그것이 헌신인 줄 안다. 아니다. 그것은 그냥 불편한 것이다. 그런 것으로 점수를 받을 수 없다.

나의 삶에 구체적인 변화가 있고,

구체적인 행동의 변화가 있을 때

그것이 열매로 인정받는 것이다.

나는 목회를 하면서 우리 교회 성도들에게 강하게 말할 때가 종종 있다. 라이트하우스교회 해운대를 처음 시작할 때, 예배 장소가 없어서 이리저리 옮겨가며 예배드릴 때도, 멀리 와서 예배를 드려야 했을 때도 나는 성도들에게 이렇게 말했다.

"이렇게 멀리 와서 예배드렸다고 여기에 점수를 줄 필요가 없습니다. 이것은 조금 불편한 것이지, 그 불편함이 하나님께 드려진 헌신은 아닙니다."

지인 목사님들은 나에게 성도들을 조금 더 격려하면 좋겠다는 조언도 해준다. 그러나 조금 불편하게 신앙생활하는 것을 인정해주고, 격려해주고, 점수를 준다면, 그래서 거기서 멈춘다면 우리는 진정한 교회가 될 수 없다. 우리가 격려받을 일은, 삶으로 하나님의 말씀이 열매를 맺고 하나님의 능력이 나타나는 것이다.

목사와 직분자가 타락하고, 교회가 타락하는 이 시대에 불편함을 가지고 자랑스럽다고 간판을 세울 수 없다. 하나님 앞에 하나님만을 의지하고, 하나님만을 붙잡고, 하나님의 열매를 맺는 우리 모두가 되기를 바란다.

듣고도 행하지 않는 어리석은 자가 되지 말라

내가 너희에게 행한 것같이 너희도 행하게 하려 하여 본을 보였
노라 요 13:15

예수님이 본을 보여주셨다. 예수님이 왜 본을 보이셨는가?
"너희도 행하게 하려 하여"
주님이 사신 대로 우리도 그 모습을 행해야 한다. 그렇게 사
는 것이다.

우리가 아이들을 키우다 보면, 가끔 아이가 평소에 잘 하지
않던 선행을 할 때가 있는데, 그러면 굉장히 궁금해진다. 밖에
나갔다 들어왔는데 평소 안 하던 청소가 되어 있고, 설거지가
되어 있다면 이렇게 묻는다.

"너 뭐 잘못한 것 있냐? 말해봐. 말하면 다 용서해줄게."

그러면 뭘 깨뜨렸다든지, 무슨 사고를 쳤다든지 문제가 있
을 때가 많다.

주님과의 신앙생활은 그렇게 하는 게 아니다. 내가 죄를 지

었으니까 헌금을 좀 더 많이 하고, 봉사도 좀 하는 식으로 신앙생활하면 안 된다. 하나님과 우리는 아버지와 자녀의 관계이기 때문이다.

그런데 하나님 아버지가 원하는 자녀의 모습은, 자녀의 권세를 가지고 이 땅을 살아 자녀의 권세의 열매가 나타나는 것이다. 다르게 사는 것이다.

주님은 본문에서 이렇게 말씀하셔다.

나의 이 말을 듣고 행하지 아니하는 자는 그 집을 모래 위에 지은 어리석은 사람 같으리니 마 7:26

하나님의 말씀을 듣고도 행하지 않는 자는 모래 위에 집을 짓는 어리석은 사람과 같다고 하셨다. 집을 모래 위에 짓는 사람은 없다. 모래는 모래집도 무너지는 곳이다. 그대로 무너져 흔적도 없이 사라진다. 그러니 예수님의 말씀을 듣고도 그것이 우리의 삶으로 이어지지 않는 사람, 열매를 맺지 않는 사람은 모래 위에 집을 짓는 사람처럼 그 인생이 아무것도 아닌 인생이 되고 만다.

열매를 많이 맺는 삶

너희가 열매를 많이 맺으면 내 아버지께서 영광을 받으실 것이요 너희는 내 제자가 되리라 아버지께서 나를 사랑하신 것같이 나도 너희를 사랑하였으니 나의 사랑 안에 거하라 요 15:8,9

우리는 열매를 맺되, 하나 두 개 맺는 게 아니라 많이 맺어야 한다. 성품적으로 여러 열매를 많이 맺으면 하나님 아버지께서 영광을 받으실 것이라고 말씀하신다. 더 중요한 것은 그 다음 구절이다. 그러면 우리가 예수님의 제자임을 인정하신다는 것이다.

하나님이 기뻐하시는 열매를 많이 맺을 때 하나님이 인정하시는 사람이 된다. '넌 내 제자다! 넌 내 자녀다' 하고 하나님이 인정하시는 사람이 되는 것이다.

하나님의 자녀의 권세를 누리자. 하나님의 자녀의 권세를 누리되 하나님이 원하시는 성품의 변화를 이루자. 그 변화를 이루도록 우리가 선택할 수 있다. 운동만 해도 몸의 변화가 보인다. 가치관이 변하여 좋은 영적 선택들을 할 때, 영적인 변화도 눈에 보인다.

하나님이 원하시는 성품의 변화, 하나님이 원하시는 선택의 변화, 하나님이 원하시는 행하심이 나타나는 삶이 되기를 소망한다.

예배를 드리고, 말씀을 들었으면 거기서 끝나면 안 된다. '아, 은혜 받았다'라고 끝나면 아무 의미도 없다. 듣고 행하지 않는 것은 아무것도 아니다. 알기만 하는 것은 힘이 없다. 사람은 교회 잘 나오고, 예배 잘 드리고, 성경 지식 쌓는 것에 높은 점수를 줄 수 없다. 그 말씀대로 살아내야 한다.

이것은 우리가 받은 숙제다. "아멘" 했다고 끝이 아니라 이제 일상 속에서 예수님의 말씀 하나하나를 기억하며 살아내야 한다. 절대로 쇼하지 말고, 있는 척, 거룩한 척하지 말고 진심을 담아서 신앙생활을 하면 우리 삶에 구체적인 열매로 나타난다. 그래서 정말로 사악한 나의 본성이 무너지고 예수 그리스도의 성품이 나타나길, 나의 독선이 무너지고 주님의 아름다운 역사가 드러나는 우리의 삶이 되기를 소망한다.

더 이상 바랄 것이 없었다

초판 1쇄 발행	2023년 1월 18일
지은이	홍민기

펴낸이	여진구		
책임편집	이영주		
편집	최현수 안수경 김도연 김아진 정아혜		
책임디자인	노지현 | 마영애 조은혜 이하은		
홍보·외서	진효지		
마케팅	김상순 강성민 허병용	마케팅지원	최영배 정나영
제작	조영석 정도봉	경영지원	김혜경 김경희 이지수

303비전성경암송학교 박정숙
이슬비전도학교 / 303비전성경암송학교 / 303비전꿈나무장학회

펴낸곳	규장

주소 06770 서울시 서초구 매헌로 16길 20(양재2동) 규장선교센터
전화 02)578-0003   팩스 02)578-7332
이메일 kyujang0691@gmail.com   홈페이지 www.kyujang.com
페이스북 facebook.com/kyujangbook   인스타그램 instagram.com/kyujang_com
카카오스토리 story.kakao.com/kyujangbook
등록일 1978.8.14. 제1-22

ⓒ 저자와의 협약 아래 인지는 생략되었습니다.
이 출판물은 저작권법에 의해 보호를 받는 저작물이므로 무단 전재와 무단 복제를 할 수 없습니다.

책값 뒤표지에 있습니다.
ISBN 979-11-6504-402-2 03230

규 | 장 | 수 | 칙

1. 기도로 기획하고 기도로 제작한다.
2. 오직 그리스도의 성품을 사모하는 독자가 원하고 필요로 하는 책만을 출판한다.
3. 한 활자 한 문장에 온 정성을 쏟는다.
4. 성실과 정확을 생명으로 삼고 일한다.
5. 긍정적이며 적극적인 신앙과 신행일치에의 안내자의 사명을 다한다.
6. 충고와 조언을 항상 감사로 경청한다.
7. 지상목표는 문서선교에 있다.